EL PODER DE LAS AFIRMACIONES

Louise L. Hay

El poder de las afirmaciones

Manifiesta seguridad, abundancia y alegría

21 afirmaciones para sanar tu vida

URANO

Argentina – Chile – Colombia – España
Estados Unidos – México – Perú – Uruguay

Título original: *21 Days to Unlock the Power of Affirmations*
Editor original: Hay House UK Ltd.
Traducción: Luz Ventura

1.ª edición Junio 2023

Copyright © 2011 by Louise L. Hay
Originally published in 2011 by Hay House Inc. USA
All Rights Reserved
© 2023 de la traducción *by* Luz Ventura
© 2023 *by* Urano World Spain, S.A.U.
Plaza de los Reyes Magos, 8, piso 1.º C y D – 28007 Madrid
www.edicionesurano.com

ISBN: 978-84-18714-01-6
E-ISBN: 978-84-19497-02-4
Depósito legal: B-6.789-2023

Fotocomposición: Ediciones Urano, S.A.U.
Impreso por: Rotativas de Estella – Polígono Industrial San Miguel Parcelas E7-E8
31132 Villatuerta (Navarra)

Impreso en España – *Printed in Spain*

Índice

Nota de la autora

Muchos de los ejercicios de los capítulos siguientes deben realizarse en una hoja de papel aparte, por lo que te recomiendo que tengas a mano una libreta o un diario en blanco y un bolígrafo mientras utilizas este libro.

Introducción

Bienvenido al mundo de las afirmaciones. Al elegir utilizar las herramientas de este libro, has tomado una decisión consciente de sanar tu vida y avanzar en el camino del cambio positivo… ¡Y el momento de ese cambio positivo es ahora! No hay momento como el presente para que tomes el control de tus pensamientos. Únete al incontable número de personas que han cambiado sus vidas para mejor haciendo lo que te voy a sugerir en estas páginas.

Hacer afirmaciones no es un trabajo duro. Deshacerte de la carga de viejas creencias negativas y mandarlas de vuelta a la nada de donde vinieron puede ser una experiencia llena de alegría.

Que hayamos creído algo negativo sobre nosotros mismos o sobre nuestra vida no significa que sea cierto. Cuando somos niños, oímos cosas negativas sobre nosotros mismos y sobre la vida y aceptamos estas ideas como si fueran verdaderas. A continuación, vamos a examinar las cosas que siempre hemos creído y tomar la decisión de seguir creyéndolas porque nos sirven de sustento y hacen que nuestra vida sea alegre y plena, o tomar la decisión de abandonarlas. A mí me gusta imaginar que abandono viejas creencias dejándolas caer en un río, y que éstas se deslizan suavemente río abajo y se disuelven y desaparecen, para no volver nunca más.

Entra en mi jardín de la vida y planta nuevos pensamientos e ideas que sean bellos y nutritivos. La vida te ama y quiere que tengas lo mejor. La vida quiere que tengas paz mental, alegría interior, confianza y autoestima y amor propio en abundancia. Te mereces sentirte a gusto en todo momento con todas las personas y ganarte bien la vida. Así que déjame ayudarte a plantar estas ideas en tu nuevo jardín. Puedes alimentarlas y verlas crecer hasta convertirse en hermosas flores y frutos que, a su vez, te alimentarán y nutrirán durante toda la vida.

Día 1

¿Qué son las afirmaciones?

Para aquellos que no están familiarizados con las afirmaciones y nunca han trabajado con ellas, me gustaría explicar un poco lo que son y cómo funcionan. De forma muy sencilla, una afirmación es cualquier cosa que digas o pienses. Mucho de lo que la gente normalmente dice y piensa es bastante negativo y no genera buenas experiencias. Tienes que reentrenar tu pensamiento y hablar en patrones positivos si quieres sanar tu vida.

Una afirmación abre una puerta. Es un punto de partida en el camino del cambio. En esencia, le estás diciendo a tu subconsciente: «Estoy asumiendo la responsabilidad. Soy consciente de que hay algo que puedo hacer para cambiar». Cuando hablo de hacer afirmaciones, me refiero a elegir conscientemente palabras que ayuden a eliminar algo de tu vida o a crear algo nuevo en ella.

Cada pensamiento que piensas y cada palabra que dices es una afirmación. Toda tu autoconversación, tu diálogo interno, es una corriente de afirmaciones. Estás utilizando afirmaciones a cada momento, lo sepas o no. Estás afirmando y creando tus experiencias de vida con cada palabra y pensamiento.

Tus creencias no son más que patrones de pensamiento habituales que aprendiste de niño. Muchas de ellas te funcionan muy bien. Otras creencias pueden estar limitando tu capacidad de generar las mismas cosas que dices querer. Lo que quieres y lo que crees que mereces puede ser muy diferente. Tienes que prestar atención a tus pensamientos para que puedas empezar a eliminar los que provocan experiencias que no quieres en tu vida.

Por favor, date cuenta de que cada queja es una afirmación de algo que crees que no quieres en tu vida.

Cada vez que te enfadas, estás afirmando que quieres más ira en tu vida. Cada vez que te sientes como una víctima, estás afirmando que quieres seguir sintiéndote como una víctima. Si sientes que la vida no te da lo que quieres, entonces es seguro que nunca tendrás las recompensas que la vida da a los demás, es decir, hasta que cambies tu forma de pensar y de hablar.

No eres una mala persona por pensar como lo haces. Simplemente nunca has aprendido a pensar y hablar. La gente de todo el mundo está empezando a aprender que los pensamientos crean experiencias. Tus padres probablemente no lo sabían, así que no pudieron enseñártelo. Te enseñaron a ver la vida de la forma en que sus padres les enseñaron a ellos. Así que nadie se equivoca. Sin embargo, es hora de que despiertes y empieces a crear conscientemente tu vida de una manera que te complazca y te apoye. Tú puedes hacerlo. Yo puedo hacerlo. Todos podemos hacerlo, solo tenemos que aprender a hacerlo.

A lo largo de este libro, hablaré de temas y preocupaciones específicas, desde la autoestima y los sentimientos de miedo hasta el pensamiento crítico y el perdón; desde la salud y el envejecimiento hasta el éxito laboral, el dinero y la prosperidad; y desde el amarte a ti mismo hasta la amistad, el amor y la intimidad. También te daré ejercicios que te mostrarán cómo hacer cambios positivos en estas áreas.

Algunas personas dicen que «las afirmaciones no funcionan» (lo cual es una afirmación en sí misma), cuando lo que quieren decir es que no saben cómo utilizarlas correctamente. Pueden decir: «Mi suerte está cambiando», pero luego piensan: «Oh, esto es una tontería, sé que no funcionará». ¿Qué afirmación crees que ganará? La negativa, por supuesto, porque forma parte de una manera habitual y prolongada de ver la vida. A veces la gente dice sus afirmaciones una vez al día y se queja el resto del tiempo. Las afirmaciones tardarán mucho tiempo en funcionar si se hacen de esa manera. Las afirmaciones que se quejan siempre ganarán, porque hay más de ellas, y suelen decirse con gran sentimiento.

Sin embargo, decir afirmaciones es solo una parte del proceso. Lo que haces el resto del día y de la noche es aún más importante. El secreto para que tus afirmaciones funcionen de forma rápida y constante es preparar una atmósfera en la que puedan crecer. Las afirmaciones son como semillas plantadas en la tierra. Tierra pobre, crecimiento pobre. Tierra rica, crecimiento abundante. Cuanto más elijas pensamientos que te hagan sentir bien, más rápido funcionarán las afirmaciones.

Así que piensa en cosas felices. Es así de sencillo. Y es factible. La forma en que eliges pensar, ahora mismo, es solo eso: una elección. Puede que no te des cuenta porque has pensado así durante mucho tiempo, pero realmente es una elección.

Ahora… hoy… este momento… puedes elegir cambiar tu forma de pensar. Tu vida no dará un vuelco de la noche a la mañana, pero si eres constante y eliges diariamente tener pensamientos que te hagan sentir bien, definitivamente provocarás cambios positivos en todas las áreas de tu vida.

Día 2

El poder de las afirmaciones

Hoy es un nuevo día. Hoy es un día para que empieces a crear una vida alegre y plena. Hoy es el día para empezar a abandonar todas tus limitaciones. Hoy es el día para que aprendas los secretos de la vida. Puedes cambiar tu vida para mejor. Ya tienes las herramientas dentro de ti para hacerlo. Estas herramientas son tus pensamientos y tus creencias. En este libro, te enseñaré cómo utilizar estas herramientas para mejorar la calidad de tu vida.

Me despierto cada mañana contenta y agradecida por la maravillosa vida que llevo, y tomo la decisión de tener pensamientos felices sin importar lo que hagan los demás. No, no lo hago el cien por cien de las veces, pero ahora mismo estoy en un setenta y cinco u ochenta por ciento, y ha supuesto una gran diferencia en lo mucho que disfruto de la vida y en todo el bien que parece fluir por mi mundo cotidiano.

El único momento en el que vives es éste. Es el único momento sobre el que tienes control. «El ayer es historia, el mañana es un misterio, el hoy es un regalo, por eso lo llamamos el presente.» Mi profesora de yoga, Maureen MacGinnis, repite esto en cada clase que imparte. Si no eliges sentirte bien en este momento, ¿cómo puedes crear momentos futuros que sean abundantes y divertidos?

¿Cómo te sientes ahora mismo? ¿Te sientes bien? ¿Te sientes mal? ¿Cuáles son tus emociones actuales? ¿Qué sientes en tus entrañas? ¿Te gustaría sentirte mejor? Entonces busca un sentimiento o pensamiento mejor. Si te sientes mal de alguna manera —triste, malhumorado, amargado, resentido, enfadado, temeroso, culpable, deprimido, celoso, crítico, etc.—, entonces has perdido temporalmente tu conexión con el flujo de buenas experiencias que el universo tiene preparadas para ti. No desperdicies tus pensamientos en la culpa.

Ninguna persona, lugar o cosa tiene control sobre tus sentimientos porque no están dentro de tu cabeza.

Esta es también la razón por la que realmente no tienes control sobre los demás: no puedes controlar sus pensamientos. Nadie puede controlar a otro a menos que esa persona le dé permiso. Así que debes ser consciente de la poderosa mente que posees. Puedes tomar el control total sobre tu propio pensamiento. Es la única cosa sobre la que tendrás el control total. Lo que elijas pensar es lo que obtendrás en la vida. Yo he elegido pensar en pensamientos de alegría y gratitud, y tú también puedes hacerlo.

¿Qué tipo de pensamientos te hacen sentir bien? ¿Pensamientos de amor, aprecio, gratitud, experiencias alegres de la infancia? ¿Pensamientos en los que te alegras de estar vivo y llenas tu cuerpo de amor? ¿Disfrutas realmente de este momento presente y te ilusionas con el mañana? Tener este tipo de pensamientos es un acto de amor hacia ti mismo, y amarte a ti mismo crea milagros en tu vida.

Hacer afirmaciones es elegir conscientemente ciertos pensamientos que manifestarán resultados positivos en el futuro. Crean un punto de fuga que te permitirá empezar a cambiar tu forma de pensar. Las afirmaciones van más allá de la realidad del presente para crear el futuro a través de las palabras que usas en el ahora.

Cuando eliges decir «soy muy afortunado», puede que en realidad tengas muy poco dinero en el banco en este momento, pero lo que estás haciendo es plantar las semillas de la prosperidad futura. Cada vez que repites esta afirmación, estás reafirmando las semillas que has plantado en la atmósfera de tu mente. Precisamente por eso tiene que ser una atmósfera feliz. Las cosas crecen mucho más rápido en un suelo fértil y rico.

Es importante que siempre digas tus afirmaciones en tiempo presente y sin contracciones. (Aunque utilizo contracciones en todo el texto de mis libros, nunca las uso en las afirmaciones, ya que no quiero disminuir su poder). Por ejemplo, las afirmaciones típicas empezarían: «Tengo...» o «Soy...». Si dices: «Voy a...» o «Tendré...», tu pensamiento se queda en el futuro. El universo toma tus pensamientos y palabras muy literalmente y te da lo que dices que quieres. Siempre. Esta es otra razón para mantener una atmósfera mental feliz. Es más fácil pensar en afirmaciones positivas cuando te sientes bien.

Piénsalo así: cada pensamiento que piensas cuenta, así que no desperdicies tus preciosos pensamientos. Cada pensamiento positivo trae el bien a tu vida. Cada pensamiento negativo aleja el bien; lo mantiene fuera de tu alcance. ¿Cuántas veces en tu vida has estado a punto de conseguir algo bueno y parecía que te lo arrebataban en el último momento? Si pudieras recordar cómo era tu atmósfera mental en esos momentos, tendrías la respuesta. Demasiados pensamientos negativos crean una barrera contra las afirmaciones positivas.

Si dices: «No quiero estar más enfermo», esto no es una afirmación de buena salud. Tienes que decir claramente lo que sí quieres: «Acepto una salud perfecta ahora mismo». «Odio este coche» no te trae un maravilloso coche nuevo porque no estás siendo claro. Incluso si consigues un coche nuevo, en poco tiempo probablemente lo odiarás, porque eso es lo que has estado afirmando. Si quieres un coche nuevo, entonces di algo como: «Tengo un bonito coche nuevo que se adapta a todas mis necesidades».

Oirás a algunas personas decir: «¡La vida es una mierda!» (que es una afirmación terrible). ¿Te imaginas qué experiencias te generará esa afirmación? Por supuesto, no es la vida la que apesta, es tu pensamiento el que apesta. Ese pensamiento te ayudará a sentirte fatal. Y cuando te sientes fatal, nada bueno puede llegar a tu vida.

No pierdas el tiempo discutiendo acerca de tus limitaciones: relaciones negativas, problemas, enfermedades, pobreza, etc. Cuanto más hablas del problema, más lo anclas en su sitio. No culpes a los demás de lo que aparentemente está mal en tu vida: eso es otra pérdida de tiempo. Recuerda que estás bajo las leyes de tu propia conciencia, de tus propios pensamientos, y atraes experiencias específicas hacia ti como resultado de la forma en que piensas.

Cuando cambies la manera en que piensas, todo en tu vida también cambiará. Te sorprenderá y encantará ver cómo pueden cambiar las personas, los lugares, las cosas y las circunstancias. La culpa es solo de otra afirmación negativa, y no debes desperdiciar tus preciosos pensamientos en ella. En cambio, aprende a convertir tus afirmaciones negativas en positivas. Por ejemplo:

Odio mi cuerpo.	*se convierte en*	Quiero y aprecio mi cuerpo.
Nunca tengo suficiente dinero.	*se convierte en*	El dinero fluye en mi vida de forma abundante.
Estoy cansado de estar enfermo.	*se convierte en*	Permito que mi cuerpo recupere su salud natural y vibrante.
Estoy demasiado gordo.	*se convierte en*	Honro mi cuerpo y lo cuido bien.
Nadie me quiere.	*se convierte en*	Irradio amor, y el amor llena mi vida.
No soy creativo.	*se convierte en*	Estoy descubriendo talentos que no sabía que tenía.
Estoy atrapado en un trabajo pésimo.	*se convierte en*	Cada vez se me abren nuevas y maravillosas puertas.
No soy lo suficientemente bueno.	*se convierte en*	Estoy en el proceso de cambio positivo, y me merezco lo mejor.

Esto no significa que tengas que preocuparte por cada pensamiento que tengas. Cuando empieces a llevar a cabo el cambio y a realmente prestar atención a tus pensamientos, te horrorizará darte cuenta de lo negativos que han sido muchos de estos. Así que cuando captures un pensamiento negativo, piensa para ti mismo: «Ese es un pensamiento antiguo; ya no elijo pensar así». Luego, encuentra un pensamiento positivo para reemplazarlo tan rápido como puedas. Recuerda que quieres sentirte bien en la medida de lo posible. Los pensamientos de amargura, resentimiento, culpa y remordimiento te hacen sentir miserable. Y ese es un hábito que realmente debes abandonar.

Las afirmaciones son soluciones que sustituirán cualquier problema que puedas tener. Cada vez que tengas un problema, repite una y otra vez:

«Todo está bien. Todo está funcionando para mi mayor bien. De esta situación solo saldrá algo bueno. Estoy a salvo».

Esta simple afirmación obrará milagros en tu vida.

También te sugiero que evites compartir tus afirmaciones con otras personas que puedan despreciar estas ideas. Cuando estás empezando, es mejor mantener tus pensamientos para ti mismo hasta que hayas conseguido los resultados deseados. Entonces tus amigos dirán: «Tu vida está cambiando tanto. Estás tan diferente. ¿Qué has estado haciendo?».

Repasa este capítulo varias veces hasta que entiendas realmente los principios y puedas vivirlos. Además, concéntrate en los capítulos que tengan más significado para ti y practica esas afirmaciones en particular. Y acuérdate de inventar tus propias afirmaciones.

Algunas afirmaciones que puedes utilizar ahora mismo son:

«¡Puedo sentirme bien conmigo mismo!»
«¡Puedo provocar cambios positivos en mi vida!»
«¡Puedo hacerlo!»

Día 3

La autoestima

Hoy vamos a tratar el tema de la autoestima. Una cosa es cierta y es que nunca tendrás una buena autoestima si tienes pensamientos negativos sobre ti mismo. La autoestima es simplemente sentirse bien con uno mismo, y cuando lo haces, desarrollas la confianza. La confianza, a su vez, genera autoestima: cada paso se alimenta del otro. Una vez que se ha cogido el ritmo, se puede conseguir casi cualquier cosa.

Como la autoestima es lo que piensas de ti mismo, tienes la libertad de pensar lo que quieras. Entonces, ¿por qué menospreciarte a ti mismo?

Naciste con una gran confianza en ti mismo. Viniste a este mundo sabiendo lo maravilloso que eres. Eras tan perfecto cuando eras un pequeño bebé. No tenías que hacer nada —ya eras perfecto— y actuabas como si fueras consciente de ello. Sabías que eras el centro del universo. No tenías miedo de pedir lo que querías. Expresabas libremente tus emociones. Tu madre sabía cuándo estabas enfadado; de hecho, todo el vecindario lo sabía. Y cuando estabas feliz, tu sonrisa iluminaba toda la habitación. Estabas lleno de amor y confianza.

Los bebés mueren si no reciben amor. Cuando somos mayores, aprendemos a vivir sin amor, pero ningún bebé lo soporta. Los bebés también aman cada centímetro de su cuerpo, incluso sus propias heces. No tienen culpa, ni vergüenza, ni comparación. Saben que son únicos y maravillosos.

Tú eras así. Luego, en algún momento de tu infancia, tus bienintencionados padres te transmitieron sus propias inseguridades y te enseñaron sentimientos de incapacidad y miedo. En ese momento, empezaste a negar tu propia magnificencia. Estos pensamientos y sentimientos nunca fueron ciertos, y ciertamente no lo son ahora. Así que quiero devolverte a la época en la que realmente sabías tener confianza en ti mismo.

EJERCICIO:
Me apruebo a mí mismo

He dado este ejercicio a cientos de personas, y los resultados son fenomenales. Durante el próximo mes, di una y otra vez: «Me apruebo a mí mismo».

Hazlo trescientas o cuatrocientas veces al día, como mínimo. No, no son demasiadas veces. Cuando te preocupas, repasas tu problema al menos esa cantidad de veces. Deja que «Me apruebo a mí mismo» se convierta en un mantra andante, algo que te digas una y otra vez, casi sin parar.

Decir «Me apruebo a mí mismo» es una forma garantizada de hacer aflorar todo aquello que está enterrado en tu conciencia y que está en oposición.

Cuando surgen pensamientos negativos, como «¿Cómo puedo aprobarme a mí mismo si estoy gordo?» o «Es una tontería pensar que esto puede servir de algo», o «No soy bueno», o cualquiera que sea tu balbuceo negativista, es el momento de controlarlos mentalmente. No le des importancia a estos pensamientos. Solo míralos como lo que son: otra forma de mantenerte atascado en el pasado. Diles suavemente a estos pensamientos: «Te dejo ir; me apruebo a mí mismo».

Incluso el hecho de plantearte hacer este ejercicio puede hacer que surjan muchas cosas, como «Me parece una tontería», «No me parece cierto», «Es una mentira», «Suena engreído» o «¿Cómo puedo aprobarme a mí mismo cuando hago eso?».

Deja que todos estos pensamientos pasen. Son solo pensamientos de resistencia. No tienen poder sobre ti a menos que elijas creerlos.

«Me apruebo, me apruebo, me apruebo.» No importa lo que suceda, no importa quién te diga qué, no importa quién te haga qué, solo sigue adelante. De hecho, cuando puedas decirte eso a ti mismo mientras alguien hace algo que no apruebas, sabrás que estás creciendo y cambiando.

Los pensamientos no tienen poder sobre nosotros a menos que nos entreguemos a ellos. Los pensamientos no son más que palabras encadenadas. No tienen ningún significado. Solo nosotros les damos sentido. Elijamos pensar en pensamientos que nos nutran y apoyen.

Mirarse a los ojos y hacer una declaración positiva es una de las formas más rápidas de obtener resultados positivos con las afirmaciones. Pido a la gente que se mire a los ojos y diga algo positivo sobre sí misma cada vez que pase por un espejo.

Así que elige nuevos pensamientos para pensar en ti mismo, y elige nuevas palabras para decirte lo magnífico que eres y que te mereces todo lo bueno que la vida te ofrece. Piensa en cosas que te hagan feliz. Haz cosas que te hagan sentir bien. Acompaña a las personas que te hacen sentir bien. Come cosas que hagan que tu cuerpo se sienta bien. Ve a un ritmo que te haga sentir bien.

Afirmaciones para la autoestima

Una de las barreras que impiden que las afirmaciones positivas funcionen es el sentimiento de «no ser lo suficientemente bueno», es decir, sentir que no mereces tener algo bueno en tu vida. A continuación, hay una lista de afirmaciones sobre la autoestima. Me gustaría que vieras cuántas de ellas puedes memorizar, y luego repetirlas a menudo. Hacerlo te ayudará a cambiar ese sentimiento de «no valer nada» que puedes llevar a cuestas, por uno de autoestima. Entonces verás cómo se materializan tus afirmaciones positivas.

- Elijo sentirme bien conmigo mismo.

- Me mantengo en pie por mí mismo. Acepto y uso mi propio poder.

- Soy totalmente adecuado para todas las situaciones.

- No importa lo que digan o hagan los demás. Lo que importa es cómo elijo reaccionar y lo que elijo creer sobre mí mismo.

- Veo el mundo con ojos de amor y aceptación. Todo está bien en mi mundo.

- Mi autoestima es alta porque honro lo que soy.

- Me merezco todo lo bueno.

- Mi vida es más fabulosa cada día. Espero con ansias lo que trae cada nueva hora.

- No soy ni mucho ni poco, y no tengo que demostrarle nada a nadie.

- Para cada problema que pueda crear, confío en poder encontrar una solución.

- La vida me apoya de todas las maneras posibles.

- Me muevo a través de la vida y sé que estoy a salvo, divinamente protegido y guiado.

- Acepto a los demás tal y como son; y ellos, a su vez, me aceptan a mí.

- Soy maravilloso y me siento muy bien. Doy gracias por la vida que tengo.

- Tengo la autoestima, el poder y la confianza para avanzar en la vida con facilidad.

Día 4

El cambio

Hoy vamos a explorar un tema que a muchos de nosotros nos resulta difícil de afrontar: el cambio. Aunque todos queremos que nuestras vidas cambien, que las situaciones sean mejores y más fáciles, no queremos tener que cambiar. Preferimos que sean las situaciones las que cambien. Para que esto ocurra, debemos cambiar por dentro. Debemos cambiar nuestra forma de pensar, cambiar nuestra forma de hablar, cambiar nuestra forma de expresarnos. Solo entonces se producirán los cambios exteriores.

Siempre he tenido una vena de terquedad dentro de mí. Incluso ahora, a veces, cuando decido hacer un cambio en mi vida, esta terquedad puede salir a la superficie, y mi resistencia a cambiar mi forma de pensar es fuerte. Puedo volverme temporalmente una santurrona, enojada y retraída. Sí, esto sigue ocurriendo dentro de mí después de todos estos años de trabajo. Es una de mis lecciones. Sin embargo, ahora, cuando me sucede esto, sé que estoy llegando a un punto importante de cambio. Cada vez que decido hacer un cambio en mi vida, para abandonar alguna otra cosa, me estoy sumergiendo cada vez más profundo dentro de mí para hacerlo.

Cada capa vieja debe ceder para ser sustituida por un nuevo pensamiento. En parte es fácil, y en parte es como intentar levantar una roca con una pluma.

Cuanto más tenazmente me aferro a una vieja creencia cuando digo que quiero hacer un cambio, más sé que es una creencia importante que debo abandonar. Solo aprendiendo estas cosas puedo enseñar a los demás.

En mi opinión, muchos de los maestros realmente buenos no proceden de hogares alegres en los que todo era fácil. Vienen de un lugar de mucho dolor y sufrimiento, y han trabajado a través de las capas para llegar al lugar donde ahora pueden ayudar a otros a liberarse. La mayoría de los buenos maestros trabajan continuamente para seguir liberando, para eliminar capas limitantes cada vez más profundas. Esto se convierte en una ocupación de por vida.

La principal diferencia entre la forma en que solía trabajar para liberar las creencias, y la forma en que lo hago hoy, es que ahora no tengo que estar enojada conmigo misma para hacerlo. Ya no elijo creer que soy una mala persona solo porque encuentro algo más que cambiar dentro de mí.

El trabajo mental que hago ahora es como limpiar una casa. Recorro mis habitaciones mentales y examino los pensamientos y creencias que hay en ellas. Algunos me encantan, así que los pulo y les doy brillo y los hago aún más útiles. Otros, noto que necesitan ser reemplazados o reparados, y me ocupo de ellos cuando puedo. Otros son como los periódicos de ayer y las revistas viejas o la ropa que ya no sirve. Estos los regalo o los tiro a la basura, y dejo que desaparezcan para siempre. No es necesario que me enfade ni que me sienta una mala persona para hacerlo.

Limpiar la casa mental después de toda una vida de pensamientos mentales negativos es un poco como hacer un buen programa nutricional después de toda una vida de consumir comida basura. Ambos pueden crear a menudo crisis de curación. Cuando empiezas a cambiar tu dieta física, el cuerpo empieza a deshacerse de la acumulación de residuos tóxicos, y cuando esto ocurre, puedes sentirte bastante mal durante uno o dos días. Lo mismo ocurre cuando tomas la decisión de cambiar los patrones de pensamiento: tus circunstancias pueden empezar a parecer peores durante un tiempo.

Recuerda por un momento el final de una cena de Acción de Gracias. Habéis terminado de comer y es hora de limpiar la fuente del pavo. La fuente está quemada y pegajosa, así que pones agua caliente y jabón y la dejas en remojo un rato. Luego empiezas a raspar la fuente. Ahora sí que tienes un lío; tiene peor aspecto que nunca. Pero, si sigues fregando, pronto tendrás una fuente como nueva.

Es lo mismo que ocurre con la limpieza de un patrón mental reseco y con costra. Cuando lo empapamos con nuevas ideas, toda la mugre sale a la superficie y se hace visible.

Ahora prueba un método muy eficaz que utilizo conmigo misma y con los demás.

EJERCICIO:
Voluntad de cambio

En primer lugar, ve a mirarte a un espejo y afirma para ti mismo: «Estoy dispuesto a cambiar». Observa cómo te sientes. Si tienes dudas o te resistes o ya no quieres cambiar, pregúntate por qué. ¿A qué vieja creencia te estás aferrando? Por favor, no te regañes a ti mismo, simplemente fíjate en cuál es. Seguro que esa creencia te ha causado muchos problemas. Me pregunto de dónde viene. ¿Lo sabes?

Sepas o no de dónde viene, vamos a hacer algo para disolverla, ahora. De nuevo, ve al espejo y mírate profundamente a los ojos, toca tu garganta y di en voz alta diez veces; «Estoy dispuesto a abandonar toda resistencia».

Afirmaciones para el cambio

Debes estar dispuesto a permitir que los cambios se produzcan cuando aparezcan en tu vida. Sé consciente de que donde no quieres cambiar es exactamente el área donde más necesitas hacerlo.

La inteligencia universal siempre responde a tus pensamientos y palabras. Las cosas comenzarán a cambiar de forma definitiva a medida que hagas estas afirmaciones:

- Los cambios pueden empezar en este momento. Estoy dispuesto a ver cómo y dónde necesito cambiar.

- La vida solo me trae buenas experiencias. Estoy abierto a cambios nuevos y maravillosos.

- Abandono cualquier limitación basada en viejos pensamientos negativos. Miro con alegría hacia el futuro.

- Estoy seguro en el mundo. Me siento cómodo con el cambio y el crecimiento.

- Me doy luz verde para seguir adelante y abrazar lo nuevo con alegría.

- La libertad y el cambio están al caer. Descarto las viejas ideas.

- Me siento renacer. Me libero del pasado y acojo con alegría lo nuevo.

- Abro mi conciencia a la expansión de la vida. Hay mucho espacio para que yo crezca y cambie.

- Cada cambio en mi vida puede elevarme a un nuevo nivel de comprensión.

- Siempre me resulta fácil adaptarme y cambiar. Soy flexible y fluyo.

- Me siento seguro en el ritmo y el flujo de la vida siempre cambiante.

- Cada momento presenta una oportunidad nueva y maravillosa para llegar a ser más de lo que soy.

- Permito que el cambio se produzca sin resistencia ni miedo. Soy libre.

- Soy consciente de que lo que no quiero cambiar es precisamente lo que más necesito cambiar.

- Todo el mundo cambia y yo permito el cambio en todo el mundo.

Día 5

Los sentimientos de miedo

Hoy vamos a abordar los sentimientos de miedo. En cualquier situación, creo que podemos elegir entre el amor y el miedo. Experimentamos miedo al cambio, miedo a no cambiar, miedo al futuro y miedo a arriesgarnos. Tememos la intimidad y tememos estar solos. Tememos dejar que la gente sepa lo que necesitamos y quiénes somos, y tememos dejar atrás el pasado.

En el otro extremo del espectro, tenemos el amor. El amor es el milagro que todos buscamos. Amarnos a nosotros mismos obra milagros en nuestras vidas. No estoy hablando de vanidad o arrogancia, porque eso no es amor.

Eso es miedo. Hablo de tener un gran respeto por nosotros mismos, y gratitud por el milagro de nuestro cuerpo y nuestra mente.

Recuérdate a ti mismo cuando estés asustado que no te estás queriendo ni confiando en ti mismo. No sentirse suficientemente bueno interfiere en el proceso de toma de decisiones. ¿Cómo puedes tomar una buena decisión cuando no estás seguro de ti mismo?

Susan Jeffers, en su maravilloso libro, *Aunque tenga miedo, hágalo igual*, afirma que «si todo el mundo siente miedo cuando se acerca a algo totalmente nuevo en la vida y, sin embargo, hay tantos ahí fuera "haciéndolo" a pesar del miedo, entonces debemos concluir que el miedo no es el problema». Continúa diciendo que el verdadero problema no es el miedo, sino la forma en la que lo mantenemos. Podemos abordarlo desde una posición de poder o de impotencia. El hecho de tener miedo se vuelve irrelevante.

Vemos lo que creemos que es el problema, y luego descubrimos cuál es el verdadero problema. No sentirse suficientemente bueno y carecer de amor propio son los verdaderos problemas.

Los problemas emocionales están entre los más dolorosos de todos. De vez en cuando podemos sentirnos enfadados, tristes, solos, culpables, ansiosos o asustados. Cuando estos sentimientos se apoderan de nosotros y se vuelven predominantes, nuestras vidas pueden convertirse en campos de batalla emocionales.

Lo que hacemos con nuestros sentimientos es importante. ¿Vamos a actuar de alguna manera? ¿Castigaremos a los demás o les impondremos nuestra voluntad? ¿Acabaremos abusando de nosotros mismos de alguna manera?

La creencia de que no somos lo suficientemente buenos suele encontrarse en la raíz de estos problemas. La buena salud mental comienza con el amor hacia uno mismo. Cuando nos amamos y nos aceptamos completamente —lo bueno y lo llamado malo— podemos empezar a cambiar.

Parte de la autoaceptación consiste en dejar de lado las opiniones de los demás. Muchas de las cosas que hemos elegido creer sobre nosotros mismos no tienen absolutamente ninguna base de verdad y estos pensamientos no tienen ningún poder sobre nosotros a menos que actuemos sobre ellos. Los pensamientos no son más que palabras unidas. No tienen ningún significado. Solo nosotros les damos sentido, y lo hacemos centrándonos en el mensaje negativo en nuestra mente una y otra vez. Creemos lo peor de nosotros mismos. Y elegimos qué tipo de significado le damos a nuestros pensamientos.

EJERCICIO:
Dejar ir

Mientras lees este ejercicio, respira profundamente y, al exhalar, deja que la tensión abandone tu cuerpo. Deja que el cuero cabelludo, la frente y la cara se relajen. No es necesario que la cabeza esté tensa para leer. Deja que la lengua, la garganta y los hombros se relajen. Deja que la espalda, el abdomen y la pelvis se relajen. Deja que tu respiración sea tranquila mientras relajas las piernas y los pies.

¿Puedes sentir un cambio notable en tu cuerpo desde que empezaste a leer el párrafo anterior? En esta posición relajada y cómoda, dite a ti mismo: «Estoy dispuesto a dejar ir. Me dejo ir. Me dejo ir. Dejo ir toda la tensión. Dejo ir todo el miedo. Abandono toda la ira. Dejo ir toda la culpa. Dejo ir toda la tristeza. Dejo ir las viejas limitaciones. Dejo ir, y estoy en paz. Estoy en paz conmigo mismo. Estoy en paz con el proceso de la vida. Estoy a salvo».

Repasa este ejercicio dos o tres veces. Repítelo cada vez que surjan pensamientos difíciles. Se necesita un poco de práctica para que la rutina se convierta en parte de ti. Una vez que te familiarices con este ejercicio, podrás hacerlo en cualquier momento y en cualquier lugar. Serás capaz de relajarte completamente en cualquier situación.

EJERCICIO:
Diviértete con tu niño interior

Cuando te encuentras en un estado de ansiedad o miedo que te impide funcionar, es posible que hayas abandonado a tu niño interior. Piensa en algunas formas de reconectar con tu niño interior. ¿Qué podrías hacer para divertirte? ¿Qué podrías hacer que sea solo para ti?

Enumera quince formas de divertirte con tu niño interior. Puede que te guste leer buenos libros, ir al cine, trabajar en el jardín, llevar un diario o darte un baño caliente. ¿Qué te parecen algunas actividades infantiles? Tómate el tiempo necesario para pensar. Podrías correr por la playa, ir a un parque infantil y columpiarte en un columpio, hacer dibujos con lápices de colores o subirte a un árbol. Una vez que hayas hecho tu lista, prueba al menos una actividad cada día. ¡Que empiece la curación!

¡Mira todo lo que has descubierto! Sigue adelante: ¡Puedes crear tanta diversión para ti y tu niño interior! Siente cómo la relación entre los dos se va curando.

Afirmaciones para los sentimientos de miedo

A continuación, he dividido las afirmaciones para los sentimientos de miedo en categorías. Para cada tema hay un ejemplo de afirmación negativa, junto con una afirmación para contrarrestar cada creencia. Sin embargo, puedes preferir personalizarlas escribiendo tus mayores miedos para cada categoría de la lista de abajo, y luego pensar en una afirmación positiva que se corresponda con estos.

Haz que estas afirmaciones formen parte de tu rutina diaria. Dilas a menudo en el coche, en el trabajo, mientras te miras en el espejo o en cualquier momento en que sientas que tus creencias negativas afloran.

1. CARRERA
   Ejemplo de miedo: tengo miedo de que nadie vea mi valor.
   Ejemplo de afirmación: todo el mundo en el trabajo me aprecia.

2. SITUACIÓN DE VIDA
   Ejemplo de miedo: nunca tendré una casa propia.
   Ejemplo de afirmación: hay un hogar perfecto para mí, y lo acepto ahora.

3. RELACIONES FAMILIARES
Ejemplo de miedo: mis padres no me aceptan tal y como soy.
Ejemplo de afirmación: acepto a mis padres y ellos, a su vez, me aceptan y me quieren.

4. DINERO
Ejemplo de miedo: tengo miedo de ser pobre.
Ejemplo de afirmación: confío en que todas mis necesidades serán atendidas.

5. APARIENCIA FÍSICA
Ejemplo de miedo: creo que estoy gordo y soy poco atractivo.
Ejemplo de afirmación: abandono la necesidad de criticar mi cuerpo.

6. SEXO
Ejemplo de miedo: temo tener que «cumplir».
Ejemplo de afirmación: estoy relajado y fluyo con la vida fácilmente y sin esfuerzo.

7. SALUD
Ejemplo de miedo: tengo miedo de enfermar y no poder cuidarme.
Ejemplo de afirmación: siempre atraigo toda la ayuda que necesito.

8 RELACIONES
Ejemplo de miedo: no creo que nadie me quiera nunca.
Ejemplo de afirmación: el amor y la aceptación son míos. Me quiero a mí mismo.

9. VEJEZ

Ejemplo de miedo: tengo miedo de envejecer.

Ejemplo de afirmación: cada edad tiene posibilidades infinitas.

10. MORIR Y LA MUERTE

Ejemplo de miedo: ¿y si no hay vida después de la muerte?

Ejemplo de afirmación: confío en el proceso de la vida. Estoy en un viaje sin fin a través de la eternidad.

11. GENERAL

Ejemplo de miedo: estoy ansioso todo el tiempo.

Ejemplo de afirmación: estoy en paz.

Ejemplo de miedo: la gente me da miedo.

Ejemplo de afirmación: soy amado y estoy seguro dondequiera que vaya.

Ejemplo de miedo: tengo dificultades para expresar mis sentimientos.

Ejemplo de afirmación: es seguro para mí expresar mis sentimientos.

Ejemplo de miedo: me siento fracasado.

Ejemplo de afirmación: mi vida es un éxito.

Ejemplo de miedo: tengo miedo de estar solo.

Ejemplo de afirmación: expreso amor, y siempre atraigo el amor dondequiera que vaya.

Día 6

El pensamiento crítico

Hoy vamos a analizar nuestro crítico interior, la vocecita que critica constantemente lo que pensamos y hacemos. ¿Tu voz interior está constantemente criticando, criticando, criticando? ¿Ves el mundo con ojos críticos? ¿Estás juzgando todo el rato? ¿Eres un abanderado de la superioridad moral?

La mayoría de nosotros tenemos una tendencia tan fuerte a juzgar y criticar que no podemos romper fácilmente con el hábito. Sin embargo, es la cuestión más importante en la que hay que trabajar inmediatamente. Nunca seremos capaces de amarnos de verdad hasta que no superemos la necesidad de hacer que la vida esté mal.

Cuando eras un bebé, estabas muy abierto a la vida. Mirabas el mundo con ojos de asombro. A menos que algo te diera miedo o alguien te hiciera daño, aceptabas la vida tal y como era. Más tarde, cuando creciste, empezaste a aceptar las opiniones de los demás y a hacerlas tuyas. Aprendiste a criticar.

EJERCICIO:
Dejar de lado el pensamiento crítico

Vamos a examinar algunas de tus creencias sobre el pensamiento crítico. Responde a las siguientes preguntas y escribe tus respuestas. Sé tan abierto y honesto como puedas.

* ¿Cuál era tu patrón familiar?

* ¿Qué aprendiste de tu madre sobre la crítica?

* ¿Qué cosas criticaba?

* ¿Te ha criticado? Si es así, ¿por qué?

* ¿Cuándo fue tu padre crítico?

* ¿Se juzgó a sí mismo?

* ¿Cómo te juzgó tu padre?

* ¿Era un patrón familiar el criticarse unos a otros? Si es así, ¿cómo y cuándo lo hacían los miembros de tu familia?

* ¿Cuándo es la primera vez que recuerdas haber sido criticado?

* ¿Cómo juzgaba tu familia a tus vecinos?

Ahora responde a las siguientes preguntas y escribe tus respuestas:

- ¿Tuviste profesores cariñosos y comprensivos en la escuela, o siempre se centraban en lo que fallabas? ¿Qué tipo de cosas te decían?

- ¿Empiezas a ver dónde puedes haber adquirido una pauta de ser crítico? ¿Quién fue la persona más crítica en tu infancia?

Ahora vuelve a leer tus respuestas y piensa en ellas. Creo que la crítica marchita nuestro espíritu. Solo refuerza la creencia de que no somos lo suficientemente buenos. Desde luego, no saca lo mejor de nosotros.

EJERCICIO:
Apoya a tu niño interior

Para que un niño crezca y florezca, necesita amor, aceptación y elogios. Se nos pueden mostrar formas mejores de hacer las cosas sin que la forma en que lo hacemos sea incorrecta. El niño que llevas dentro sigue necesitando ese amor y esa aprobación.

Puedes decir las siguientes afirmaciones positivas a tu niño interior:

- Te quiero y sé que estás haciendo lo mejor que puedes.

- Eres perfecto tal y como eres.

- Cada día eres más maravilloso.

- Te apruebo.

- A ver si encontramos una forma de hacerlo mejor.

- Crecer y cambiar es divertido, y podemos hacerlo juntos.

Son palabras que los niños quieren oír. Les hace sentirse bien. Cuando se sienten bien, dan lo mejor de sí mismos. Florecen maravillosamente.

Si tu hijo o tu niño interior está acostumbrado a estar constantemente equivocado, puede tardar en aceptar las nuevas palabras positivas. Si tomas la decisión definitiva de dejar ir las críticas y eres constante, puedes hacer milagros.

Date un mes para hablar con tu niño interior de forma positiva. Utiliza las afirmaciones indicadas antes o elabora una lista propia. Lleva una lista de estas afirmaciones contigo. Cuando notes que te vuelves crítico, saca la lista y léela dos o tres veces. Mejor aún, léela en voz alta frente a un espejo.

EJERCICIO:
Tu yo crítico

Mientras que la crítica degrada el espíritu interior y nunca cambia nada, la alabanza construye el espíritu y puede provocar un cambio positivo. Escribe dos formas en las que te criticas a ti mismo en el ámbito del amor y la intimidad. Tal vez no eres capaz de decirle a la gente lo que sientes o lo que necesitas. Tal vez tengas miedo a las relaciones, o atraigas a parejas que te hacen daño. A continuación, piensa en algo por lo que puedas elogiarte en este ámbito.

Por ejemplo:

Me critico por: elegir a personas que no son capaces de darme lo que necesito, y por ser dependiente en las relaciones.

Me alabo por: ser capaz de decirle a alguien que me gusta (me daba miedo, pero lo hice de todos modos); y por permitirme ser abiertamente cariñoso y afectuoso.

Ahora piensa en las cosas que te criticas a ti mismo y en las formas en que puedes elogiarte en otras áreas.

¡Enhorabuena! Acabas de empezar a romper otro viejo hábito. Estás aprendiendo a alabarte a ti mismo en este momento. Y el punto de poder está siempre en el momento presente.

EJERCICIO:
Trabajo de espejo

Como he mencionado antes, el trabajo de espejo es sencillo y muy poderoso. Simplemente consiste en mirarte en un espejo cuando dices tus afirmaciones. Los espejos reflejan tus verdaderos sentimientos hacia ti. Cuando eras niño, recibías la mayoría de tus mensajes negativos de los adultos, muchos de ellos mirándote directamente a los ojos y quizás incluso agitando un dedo hacia ti.

Hoy en día, cuando la mayoría de nosotros nos miramos al espejo, nos decimos algo negativo. O bien criticamos nuestro aspecto, o nos reprendemos por otra cosa.

Mirarse a los ojos y hacer una declaración positiva es una de las formas más rápidas de obtener resultados positivos con las afirmaciones. Así que, ahora mismo, piensa en una persona con la que estés enfadado. Siéntate frente a un espejo. Asegúrate de tener unos pañuelos de papel cerca. Mírate a los ojos y «ve» a la otra persona. Dile a esa persona por qué estás tan enfadado.

Cuando hayas terminado, dile: «Lo que realmente quiero es tu amor y tu aprobación». Todos buscamos amor y aprobación. Eso es lo que queremos de todo el mundo, y eso es lo que todo el mundo quiere de nosotros. El amor y la aprobación traen armonía a nuestras vidas.

Para ser libre, necesitas liberar los viejos lazos que te atan. Así que, una vez más, mírate al espejo y afirma para ti mismo: «Estoy dispuesto a abandonar la necesidad de ser una persona enfadada». Fíjate en si realmente estás dispuesto a dejar ir, o si te aferras al pasado.

Afirmaciones para el pensamiento crítico

Haz que las siguientes afirmaciones formen parte de tu rutina diaria. Dilas a menudo en el coche, en el trabajo, mientras te miras en el espejo o en cualquier momento en que sientas que tus creencias negativas afloran.

- Todo el mundo hace lo que puede, incluido yo.

- Abandono la necesidad de criticar a los demás.

- Solo hablo positivamente de los que están en mi mundo. La negatividad no tiene cabida en mi vida.

- Cada día soy más competente.

- Me permito ser libre con todas mis emociones.

- Las expresiones saludables de enfado me mantienen sano.

- Expreso mi enfado en los lugares y formas apropiados.

- Me doy permiso para reconocer mis sentimientos.

- Todas mis emociones son aceptables.

- Consuelo a mi niño interior, y estamos a salvo.

- Estoy a salvo con todas mis emociones.

- Cuanto más honesto soy, más me quieren.

- Mis opiniones son valoradas.

- Respeto a los demás por ser diferentes, pero no por estar equivocados. Todos somos uno.

- Estoy dispuesto a abandonar todos los patrones de crítica.

Día 7

Dejar el pasado atrás

Hoy vamos a ver las afirmaciones que nos ayudan a dejar el pasado atrás y a seguir adelante. El pasado ha terminado y no se puede cambiar. Éste —el aquí y ahora— es el único momento que podemos experimentar. Incluso cuando nos lamentamos por el pasado, estamos experimentando nuestro recuerdo de él en este momento, y perdiendo la experiencia real de este momento en el proceso.

Muchas personas acuden a mí y dicen que no pueden disfrutar del día de hoy por algo que ocurrió en el pasado. Porque no hicieron algo o lo hicieron de cierta manera en el pasado, no pueden vivir una vida plena hoy. Porque ya no tienen algo que tenían en el pasado, no pueden disfrutar hoy. Como fueron heridos en el pasado, no aceptarán el amor ahora, y así sucesivamente. Estas afirmaciones negativas simplemente les hacen incapaces de vivir sus vidas en el aquí y ahora.

He aquí algunos ejemplos más concretos. ¿Te suena alguno de ellos?

- Como no me invitaron al baile de graduación del instituto, hoy no puedo disfrutar de la vida.

- Como me fue mal en mi primera audición, las audiciones siempre me aterrorizarán.

- Como ya no estoy casado, hoy no puedo vivir una vida plena.

- Porque una vez me hirieron con un comentario, no volveré a confiar en nadie.

- Porque robé algo una vez, debo castigarme para siempre.

- Por ser pobre de niño, nunca llegaré a nada.

Lo que a menudo nos negamos a comprender es que aferrarnos al pasado —no importa lo que haya sido o lo horrible que fue— solo nos hace daño. Al resto de la gente realmente no le importa. Por lo general, el resto de la gente ni siquiera es consciente de ello. Solo nos hacemos daño a nosotros mismos al negarnos a vivir este momento al máximo.

Limpiemos ahora el pasado en nuestra mente. Tenemos que abandonar nuestro apego emocional hacia él. Permitir que los recuerdos sean solo recuerdos.

Si piensas en lo que te ponías en el tercer curso, normalmente no hay ningún apego emocional. Es solo un recuerdo.

Puede ocurrir lo mismo con todos los acontecimientos pasados de nuestra vida. Al dejar ir, ganamos la libertad para utilizar todo nuestro poder mental para disfrutar de este momento y crear un gran futuro.

No tienes que seguir castigándote por el pasado. Haz una lista de todas las cosas que estás dispuesto a dejar ir.

- ¿Cuán dispuesto estás a dejar ir? Observa tus reacciones y escríbelas.

- ¿Qué tendrás que hacer para dejar ir estas cosas? ¿Hasta qué punto estás dispuesto a hacerlo?

- Para cada cosa que hayas anotado en tu lista, escribe una afirmación positiva que te ayude a abandonarla.

EJERCICIO:
Dejar ir

Ya hemos practicado este ejercicio en el Día 5; también es útil utilizarlo en este contexto de dejar ir el pasado.

Mientras lees esto, respira profundamente y, al exhalar, deja que toda la tensión salga de tu cuerpo. Deja que tu cuero cabelludo, tu frente y tu cara se relajen. No es necesario que tu cabeza esté tensa para que puedas leer. Deja que tu lengua, tu garganta y tus hombros se relajen. Puedes sostener un libro con los brazos y las manos relajados. Hazlo ahora. Deja que tu espalda, tu abdomen y tu pelvis se relajen. Deja que tu respiración esté en paz mientras relajas las piernas y los pies.

¿Hay un gran cambio en tu cuerpo desde que empezaste el párrafo anterior? Fíjate en lo mucho a lo que te aferras. Si lo estás haciendo con tu cuerpo, lo estás haciendo con tu mente.

En esta posición relajada y cómoda, dite a sí mismo: «Estoy dispuesto a dejar ir. Dejo ir. Dejo ir toda la tensión. Dejo ir todo el miedo. Abandono toda la ira. Abandono toda la culpa. Abandono toda la tristeza. Dejo ir todas las viejas limitaciones. Dejo ir, y estoy en paz. Estoy en paz conmigo mismo. Estoy en paz con el proceso de la vida. Estoy a salvo».

Repasa este ejercicio dos o tres veces. Siente la facilidad de dejar ir. Repítelo cada vez que sientas que surgen pensamientos de dificultad. Se necesita un poco de práctica para que la rutina se convierta en parte de ti. Cuando te pones en este estado de paz primero, es fácil que tus afirmaciones se afiancen. Te vuelves abierto y receptivo a ellas. No hay necesidad de luchar, estresarse o esforzarse. Solo relájate y piensa en los pensamientos apropiados. Sí, es así de fácil.

EJERCICIO:
Liberación física

A veces necesitamos experimentar un desprendimiento físico. Las experiencias y las emociones pueden quedar encerradas en el cuerpo. Gritar en el coche con todas las ventanillas subidas puede ser muy liberador si hemos estado reprimiendo nuestra expresión verbal. Golpear la cama o dar patadas a las almohadas es otra forma inofensiva de liberar la ira reprimida o la frustración. Si te sientes avergonzado o inhibido por la idea de expresarte tan físicamente, dite a ti mismo: «Me doy permiso para reconocer mis sentimientos y liberar experiencias pasadas». O si este no es tu estilo, practica un deporte como el tenis o sal a correr.

Hace un tiempo, tuve un dolor en el hombro durante uno o dos días. Intenté ignorarlo, pero no desaparecía. Finalmente, me senté y me pregunté: «¿Qué está pasando aquí? ¿Qué estoy sintiendo?».

Entonces me di cuenta: «Siento como si quemara. Quemar... quemar... eso significa ira. ¿Por qué estás enfadada?».

No se me ocurría por qué estaba enfadada, así que dije: «Bueno, vamos a ver si lo averiguamos». Puse dos almohadas grandes en la cama y comencé a golpearlas con mucha energía.

Después de unos doce golpes, me di cuenta exactamente de por qué estaba enfadada. Estaba muy claro. Así que golpeé las almohadas aún más fuerte e hice algo de ruido y liberé las emociones de mi cuerpo. Cuando terminé, me sentí mucho mejor, y al día siguiente mi hombro estaba bien.

Afirmaciones para dejar el pasado atrás

Haz que estas afirmaciones formen parte de tu rutina diaria. Dilas a menudo en el coche, en el trabajo, mientras te miras en el espejo o en cualquier momento en que sientas que tus creencias negativas afloran.

- El pasado ha terminado y no puede ser cambiado. Este es el único momento que puedo experimentar.

- Ahora elijo abandonar toda idea y pensamiento negativo, destructivo y angustioso de mi mente y de mi vida.

- Es curativo mostrar mis emociones. Es seguro para mí ser vulnerable.

- Abandono la necesidad de culpar a alguien, incluso a mí mismo.

- Mi corazón está abierto. Estoy dispuesto a liberar toda resistencia.

- Ahora libero la ira de forma positiva. Me quiero y me aprecio.

- Supero las antiguas limitaciones y ahora me expreso con libertad y creatividad.

- Estoy dispuesto a abandonar la necesidad de no ser suficientemente bueno. Me estoy convirtiendo en todo lo que estoy destinado a ser.

- Es seguro para mí ir más allá de las limitaciones impuestas por mis padres. Soy libre de ser yo.

- Ahora abandono toda la lucha y estoy en paz.

- Libero cualquier limitación basada en viejos pensamientos negativos. Miro con alegría hacia el futuro.

- Digo «¡Fuera!» a cada pensamiento negativo sobre el pasado que me viene a la mente.

- Libero cualquier sentimiento de competencia o comparación con el pasado.

Día 8

El perdón

El perdón, nuestro tema de hoy, es un área difícil para muchas personas. Todos necesitamos trabajar el perdón. Cualquiera que tenga problemas para amarse a sí mismo está atascado en esta área. El perdón abre nuestros corazones al amor propio. Muchos de nosotros cargamos con rencores durante años y años. Nos sentimos autojustificados por lo que nos hicieron. Yo llamo a esto estar atrapado en la prisión del resentimiento de la superioridad moral. Tenemos que tener razón. Nunca conseguimos ser felices.

Casi puedo oírte decir: «Pero tú no sabes lo que me hicieron; es imperdonable». No estar dispuesto a perdonar es algo terrible para uno mismo. La amargura es como tragarse una cucharadita de veneno todos los días. Se acumula y te perjudica. Es imposible estar sano y ser libre cuando te mantienes anclado al pasado. El incidente ya está superado. Sí, es cierto que no se comportaron bien. Sin embargo, ya ha pasado. Puede que sientas que, si les perdonas, estás diciendo que lo que te hicieron estuvo bien.

Una de nuestras mayores lecciones espirituales es comprender que todo el mundo lo está haciendo lo mejor que puede en cada momento. La gente no puede hacer mucho con la comprensión, la conciencia y el conocimiento que tiene. Invariablemente, cualquier persona que maltrate a alguien fue maltratada ella misma cuando era niña. Cuanto mayor es la violencia, mayor es su propio dolor interior y más puede arremeter. Esto no quiere decir que su comportamiento sea aceptable o excusable. Sin embargo, para nuestro propio crecimiento espiritual, debemos ser conscientes de su dolor.

El incidente ha terminado. Tal vez hace mucho tiempo. Déjalo ir. Permítete ser libre. Sal de la prisión y descubre el sol de la vida. Si el incidente aún continúa, pregúntate por qué te valoras tan poco que sigues aguantando. ¿Por qué sigues en esa situación? No pierdas el tiempo intentando desquitarte. No funciona. Lo que das siempre vuelve a ti. Así que deja el pasado y trabaja en quererte en el ahora. Entonces tendrás un futuro maravilloso.

Aquella persona que es más difícil de perdonar es la que puede enseñarte las mayores lecciones. Cuando te ames a ti mismo lo suficiente como para elevarte por encima de la vieja situación, entonces la comprensión y el perdón serán fáciles. Y serás libre. ¿Te asusta la libertad? ¿Te parece más seguro quedarte atrapado en tu antiguo resentimiento y amargura?

EJERCICIO:
Actitudes familiares

- ¿Tu madre era una persona indulgente?
- ¿Lo fue tu padre?
- ¿La amargura era una forma de manejar situaciones dolorosas en tu familia?
- ¿Cómo se desquitaba tu madre?

- ¿Y tu padre?
- ¿Cómo te desquitas tú?
- ¿Te sientes bien cuando te vengas?
- ¿Por qué te sientes así?

Un fenómeno interesante es que cuando trabajas en el perdón, otras personas suelen responder ante él. No es necesario ir a las personas involucradas y decirles que las perdonas. A veces querrás hacerlo, pero no es necesario. El mayor trabajo de perdón se hace en tu propio corazón.

El perdón rara vez es para el resto del mundo. Es para nosotros. La persona que necesitas perdonar puede incluso estar muerta.

He escuchado de muchas personas que han perdonado verdaderamente a alguien, y luego, uno o dos meses después, pueden recibir una llamada telefónica o una carta de la otra persona, pidiendo ser perdonados. Esto parece ser particularmente cierto cuando los ejercicios de perdón se hacen frente a un espejo, así que mientras haces este ejercicio, fíjate en lo profundos que pueden ser tus sentimientos.

EJERCICIO:
Trabajo de espejo para el perdón

El trabajo de espejo suele ser incómodo y es algo que quizá quieras evitar. Creo que los mayores beneficios se obtienen si te sientas frente a un espejo. A mí me gusta utilizar el gran espejo vestidor que hay en la parte posterior de la puerta de mi habitación. Me acomodo con una caja de pañuelos.

Date tiempo para hacer este ejercicio, o puedes hacerlo una y otra vez. Lo más probable es que tengas muchas personas a las que perdonar.

Siéntate frente a tu espejo. Cierra los ojos y respira profundamente varias veces. Piensa en las muchas personas que te han hecho daño en tu vida. Deja que pasen por tu mente. Ahora abre los ojos y empieza a hablar con una de ellas.

Di algo como: «Me has herido profundamente. Sin embargo, no voy a quedarme atascado en el pasado por más tiempo. Estoy dispuesto a perdonarte». Respira y di: «Te perdono y te libero». Vuelve a respirar y di: «Eres libre, y yo soy libre».

Observa cómo te sientes. Puede que sientas resistencia o que te sientas despejado. Si sientes resistencia, simplemente respira y di: «Estoy dispuesto a abandonar toda resistencia».

Este puede ser un día en el que puedas perdonar a varias personas. Puede ser un día en el que puedas perdonar solo a una. No importa. No importa cómo hagas este ejercicio, es perfecto para ti. El perdón puede ser como pelar las capas de una cebolla. Si hay demasiadas capas, guarda la cebolla durante un día. Siempre puedes volver y pelar otra capa. Date el valor que mereces por estar dispuesto a comenzar este ejercicio.

Mientras sigues haciendo este ejercicio, hoy u otro día, amplía tu lista de aquellos a los que debes perdonar. Recuerda:

- miembros de la familia
- profesores
- niños de la escuela

- amantes
- amigos
- compañeros de trabajo
- agencias o figuras gubernamentales
- miembros o personal de la iglesia
- profesionales de la medicina
- Dios
- otras figuras de autoridad
- tú mismo

Sobre todo, perdónate a ti mismo. Deja de ser tan duro contigo mismo. El autocastigo no es necesario. Lo hiciste lo mejor que pudiste.

A medida que sigas haciendo este ejercicio, verás que la carga se desprende de tus hombros. Puede que te sorprendas de la cantidad de viejo equipaje que has estado cargando. Sé amable contigo mismo mientras realizas el proceso de limpieza.

Afirmaciones para el perdón

Haz que estas afirmaciones formen parte de tu rutina diaria. Dilas a menudo en el coche, en el trabajo, mientras te miras en el espejo o en cualquier momento en que sientas que tus creencias negativas afloran.

- Este es un nuevo momento. Soy libre para dejarme llevar.

- Asumo la responsabilidad de mi propia vida. Soy libre.

- Aprendo a perdonar y a liberar. La paz interior es mi objetivo.

- La gente lo hace lo mejor que puede con el conocimiento, la comprensión y la conciencia que tiene en ese momento.

- Ahora soy mayor y cuido con cariño a mi niño interior.

- Perdono a los demás, y ahora creo mi vida de la manera que deseo.

- Mi crecimiento espiritual no depende de los demás.

- Perdonar me hace sentir libre y ligero.

- Abandono la prisión. Estoy a salvo y soy libre.

- Perdonar y dejar ir da poder.

- No hay nada bueno o malo. Me muevo más allá de mi juicio.

- Estoy dispuesto a ir más allá de mis propias limi-taciones.

- Mis padres me trataron como a ellos los trataron. Los perdono, y también a sus padres.

- Me niego a limitarme. Siempre estoy dispuesto a dar el siguiente paso.

- Me doy permiso para dejarme llevar.

Día 9

La salud

La salud es un tema extremadamente importante, por lo que vamos a explorarlo durante los próximos dos días.

Creo que vivimos en un universo de «sí». No importa lo que elijamos creer o pensar, el universo siempre nos dice que sí. Así que debemos pensar y creer que tenemos derecho a estar sanos, que la salud es algo natural para nosotros. El universo apoyará y dirá sí a esta creencia. Sé una persona de «sí», y sé consciente que vives en un mundo de «sí», y que te responde un universo de «sí».

Ten muy claro que tu cuerpo siempre intenta mantener un estado de salud óptimo, por muy mal que lo trates. Si cuidas bien de tu cuerpo, éste te recompensará con una salud y una energía vibrantes.

Creo que contribuimos a todas las enfermedades de nuestro cuerpo. El cuerpo, como todo lo demás en la vida, es un espejo de nuestros pensamientos y creencias interiores. Nuestro cuerpo siempre nos está hablando, si nos tomamos el tiempo de escuchar. Cada célula de nuestro cuerpo responde a cada uno de nuestros pensamientos.

Cuando descubrimos cuál es el patrón mental que está detrás de una enfermedad, tenemos la oportunidad de cambiar el patrón y, por tanto, la enfermedad. La mayoría de la gente no quiere estar enferma a nivel consciente, pero cada enfermedad que tenemos es un maestro. La enfermedad es la forma en que el cuerpo nos dice que hay una idea falsa en nuestra conciencia. Algo que estamos creyendo, diciendo, haciendo o pensando que no es para nuestro bien supremo. Siempre me imagino al cuerpo tirando de nosotros diciendo: «¡Por favor, presta atención!».

A veces la gente quiere estar enferma. En nuestra sociedad, hemos hecho de la enfermedad una forma legítima de evitar responsabilidades o situaciones desagradables. Si no podemos aprender a decir que no, es posible que tengamos que inventar una enfermedad que diga no por nosotros.

Hace unos años leí un informe interesante. Decía que solo el 30% de los pacientes siguen las instrucciones de su médico. Según el Dr. John Harrison, autor del fascinante libro *Love Your Disease (Ama tu enfermedad)*, muchas personas acuden a los médicos solo para que les alivien los síntomas agudos, de modo que puedan tolerar su enfermedad. Es como si existiera un acuerdo subconsciente no escrito entre el médico y el paciente: El médico se compromete a no curar al paciente si éste pretende hacer algo con su enfermedad.

Además, en este acuerdo, por lo general, una persona paga y la otra se convierte en la figura de autoridad… y así, ambas partes quedan satisfechas.

La verdadera curación implica al cuerpo, la mente y el espíritu. Creo que si remediamos una enfermedad, pero no abordamos los problemas emocionales y espirituales que rodean esa dolencia, se manifestará de nuevo.

EJERCICIO:
Abandona tus problemas de salud

¿Estás dispuesto a abandonar la necesidad que ha contribuido a tus problemas de salud? Una vez más, cuando hay un problema que quieres cambiar, lo primero que tienes que hacer es decirlo. Di: «Estoy dispuesto a abandonar la necesidad en mí que ha creado este problema». Dilo de nuevo. Dilo mirándote al espejo. Dilo cada vez que pienses en tu problema. Es el primer paso para crear un cambio. Ahora, haz lo siguiente:

- Enumera todas las enfermedades de tu madre.
- Enumera todas las enfermedades de tu padre.
- Enumera todas tus enfermedades.
- ¿Ves una conexión?

EJERCICIO:
Salud y enfermedad

Examinemos algunas de tus creencias sobre la salud y la enfermedad. Responde a las siguientes preguntas. Sé tan abierto y honesto como puedas.

- ¿Qué recuerdas de las enfermedades de tu infancia?
- ¿Qué aprendiste de tus padres sobre la enfermedad?
- ¿Qué te gustaba, si es que te gustaba, de estar enfermo cuando eras niño?
- ¿Hay alguna creencia sobre la enfermedad de tu infancia que siga actuando en la actualidad?
- ¿Cómo ha contribuido al estado de tu salud?

- ¿Te gustaría que tu salud cambiara? Si es así, ¿en qué sentido?

EJERCICIO:
Tus creencias sobre la enfermedad

Completa las siguientes afirmaciones con la mayor sinceridad posible.

- La forma en que me pongo enfermo es...
- Me pongo enfermo cuando intento evitar...
- Cuando me enfermo, siempre quiero...
- Cuando estaba enfermo de niño, mi madre siempre...
- Mi mayor temor cuando estoy enfermo es que...

EJERCICIO:
Intensificar el poder de las afirmaciones

Escribir una afirmación puede intensificar su poder, así que me gustaría que escribieras veinticinco veces una afirmación positiva sobre tu salud. Puedes crear la tuya propia o utilizar una de las siguientes:

- Mi curación ya está en proceso.
- Me merezco una buena salud.
- Escucho con amor los mensajes de mi cuerpo.
- Mi salud es ahora radiante, vibrante y dinámica.
- Estoy agradecido por mi salud perfecta.

EJERCICIO:
Merecer una buena salud

Examinemos el tema de la autoestima con respecto a tu salud. Responde a las siguientes preguntas, y luego crea una afirmación positiva para contrarrestar cada una de ellas si tu respuesta fue negativa.

1. ¿Me merezco una buena salud?
Ejemplo de respuesta: no. La enfermedad me viene de familia.
Ejemplo de afirmación: acepto y merezco una salud perfecta ahora.

2. ¿Qué es lo que más temo de mi salud?
Ejemplo de respuesta: tengo miedo de enfermar y morir.
Ejemplo de afirmación: ahora es seguro estar bien. Siempre soy amado.

3. ¿Qué estoy obteniendo de esta creencia?
Ejemplo de respuesta: no tengo que ser responsable ni ir a trabajar.
Ejemplo de afirmación: tengo confianza y seguridad. La vida es fácil para mí.

4. ¿Qué temo que ocurra si dejo de lado esta creencia?
Ejemplo de respuesta: tendré que crecer.
Ejemplo de afirmación: es seguro para mí ser un adulto.

Afirmaciones para la salud

Haz que estas afirmaciones formen parte de tu rutina diaria. Dilas a menudo en el coche, en el trabajo, mientras te miras en el espejo o en cualquier momento en que sientas que tus creencias negativas afloran.

- Mi cuerpo se cura rápidamente.

- Mi cuerpo es ideal para mí en esta vida.

- Amo cada célula de mi cuerpo.

- Estoy lleno de energía y entusiasmo.

- Estoy sano y completo y lleno de alegría.

- La buena salud es mía ahora. Abandono el pasado.

- Voy a mi interior y conecto con esa parte de mí que sabe cómo sanar.

- Soy la única persona que tiene control sobre mis hábitos alimenticios. Siempre puedo resistirme a algo si así lo decido.

- Llenar mi mente de pensamientos agradables es el camino más rápido hacia la salud.

- Permito que la vida y la vitalidad fluyan a través de mí.

- Doy gracias por mi cuerpo sano. Amo la vida.

- Mi cuerpo utiliza la relajación como un momento para repararse y rejuvenecerse, y cuanto más me relajo, más sano estoy.

- Paseo a paso ligero bajo el sol para vigorizar mi cuerpo y mi alma.

- Soy amable con mi cuerpo. Me quiero a mí mismo.

- Me doy permiso para estar bien.

Día 10

Más sobre la salud

Ayer vimos cómo nuestras creencias sobre la enfermedad afectan a nuestra salud. Hoy aprenderemos cómo podemos influir positivamente en nuestra salud a través del poder de nuestros pensamientos.

Si quieres que tu cuerpo esté más sano, hay algunas cosas que definitivamente no debes hacer: No debes enfadarte con tu cuerpo por ningún motivo. La ira es otra afirmación, y le está diciendo a tu cuerpo que lo odias, o a partes de él. Tus células son muy conscientes de cada pensamiento que tienes. Piensa en tu cuerpo como un sirviente que está trabajando tan duro como puede para mantenerte en perfecta salud sin importar cómo lo trates.

Tu cuerpo sabe cómo curarse a sí mismo. Si lo alimentas con alimentos y bebidas saludables, le das ejercicio y suficientes horas de sueño, y tienes pensamientos felices, entonces su trabajo es fácil. Las células trabajan en un ambiente feliz y saludable. Sin embargo, si eres un teleadicto que alimenta a su cuerpo con comida basura y muchos refrescos dietéticos, y escatimas en el sueño y estás de mal humor e irritable todo el tiempo, entonces las células de tu cuerpo están trabajando en desventaja —están en una atmósfera desagradable. Si este es el caso, no es de extrañar que tu cuerpo no esté tan sano como te gustaría.

Nunca generarás buena salud hablando o pensando en tu enfermedad. La buena salud proviene del amor y el aprecio. Debes poner todo el amor posible en tu cuerpo. Habla con él y acarícialo afectuosamente. Si hay una parte de tu cuerpo que está enferma, trátala como a un niño enfermo. Dile lo mucho que lo quieres y que estás haciendo todo lo posible para que se recupere rápidamente.

Si estás enfermo, debes hacer algo más que ir al médico y que te dé un fármaco para ocuparse del síntoma. Tu cuerpo te está diciendo que algo que estás haciendo no es bueno para tu cuerpo. Necesitas aprender más sobre la salud; cuanto más aprendas, más fácil será cuidar de tu cuerpo. No debes elegir sentirte como una víctima. Si lo haces, solo estarás regalando tu poder. Puedes ir a una tienda de alimentos saludables y coger uno de los muchos y buenos libros que te enseñan a mantenerte sano, o puedes acudir a un nutricionista y hacer que te cree una dieta saludable solo para ti, pero hagas lo que hagas, crea una atmósfera mental sana y feliz. Participa de buen grado en tu propio plan de salud.

Creo que nosotros creamos todas las, así llamadas, enfermedades de nuestro cuerpo. El cuerpo, como todo en la vida, es un espejo de nuestros pensamientos y creencias interiores. Nuestro cuerpo siempre nos está hablando; solo tenemos que tomarnos el tiempo de escuchar. Cada célula de nuestro cuerpo responde a cada pensamiento que pensamos y a cada palabra que pronunciamos.

Los hábitos continuos de pensar y hablar producen comportamientos y posturas corporales y «estares», o malestares. La persona que tiene el ceño fruncido permanentemente no lo ha producido por tener pensamientos alegres y cariñosos. Los rostros y los cuerpos de las personas mayores muestran claramente toda una vida de patrones de pensamiento. ¿Qué aspecto tendrás cuando seas mayor?

Aprende a aceptar que tu vida no es una serie de acontecimientos aleatorios, sino la senda del despertar. Si vives cada día de esta manera, nunca envejecerás. Simplemente seguirás creciendo. Imagina que el día en que cumples cuarenta y nueve años empieza la infancia de otra vida. Una mujer que llega hoy a los cincuenta años y se mantiene libre de cáncer y enfermedades cardíacas puede esperar ver su nonagésimo segundo cumpleaños. Tú y solo tú tienes la capacidad de personalizar tu propio ciclo vital. Así que cambia tu forma de pensar ahora y ponte en marcha. Estás aquí por una razón muy importante, y todo lo que necesitas está a tu disposición.

Puedes elegir pensar en pensamientos que crean una atmósfera mental que contribuye a la enfermedad, o puedes elegir pensar en pensamientos que crean una atmósfera saludable tanto dentro de ti como a tu alrededor. (Mi libro *Sana tu cuerpo* es una guía completa sobre las causas metafísicas de las enfermedades, e incluye todas las afirmaciones que necesitarás para superar cualquier dolencia específica).

Más afirmaciones para la salud

Haz que estas afirmaciones formen parte de tu rutina diaria. Dilas a menudo en el coche, en el trabajo, mientras te miras en el espejo o en cualquier momento en que sientas que tus creencias negativas afloran.

- Disfruto de los alimentos que son mejores para mi cuerpo.

- Espero tener una vejez saludable porque ahora cuido mi cuerpo con cariño.

- Descubro constantemente nuevas formas de mejorar mi salud.

- Devuelvo a mi cuerpo una salud óptima dándole lo que necesita a todos los niveles.

- Estoy libre de dolor y totalmente sincronizado con la vida.

- La curación se produce. Quito mi mente de en medio y permito que la inteligencia de mi cuerpo haga su trabajo de curación de forma natural.

- Equilibro mi vida entre el trabajo, el descanso y el juego. Todos reciben el mismo tiempo.

- Estoy dispuesto a pedir ayuda cuando la necesito. Siempre elijo al profesional sanitario que se ajusta a mis necesidades.

- Respiro profunda y plenamente. Aspiro el aliento de la vida y me nutro.

- Duermo mucho todas las noches. Mi cuerpo aprecia cómo lo cuido.

- Hago con cariño todo lo que puedo para ayudar a mi cuerpo a mantener una salud perfecta.

- La salud perfecta es mi derecho divino, y lo reclamo ahora.

- Dedico una parte de mi tiempo a ayudar a los demás. Es bueno para mi propia salud.

- El agua es mi bebida favorita. Bebo mucha agua para limpiar mi cuerpo y mi mente.

- Mis pensamientos felices ayudan a crear mi cuerpo sano.

Día 11

Quererte a ti mismo

Una y otra vez he descubierto que, sea cual sea el problema, la cuestión principal vuelve a ser el amor hacia uno mismo. Este es nuestro tema de hoy. Trabajar en esto supone la «varita mágica» que disuelve los problemas. ¿Recuerdas las veces que te has sentido bien contigo mismo y lo bien que te iba la vida? ¿Recuerdas los momentos en los que estabas enamorado y durante esos periodos parecías no tener problemas? Pues bien, amarte a ti mismo te va a traer tal oleada de buenos sentimientos y buena fortuna que vas a bailar en el aire. Quererte a ti mismo te hace sentirte bien.

Es imposible amarse realmente a sí mismo si no se tiene autoaprobación y autoaceptación. Esto significa ninguna crítica en absoluto. Me parece estar escuchando todas las objeciones desde ya:

«Pero siempre me he criticado a mí mismo.» «¿Cómo es posible que me guste eso de mí mismo?» «Mis padres/maestros/amantes siempre me criticaron.» «¿Cómo me voy a motivar?» «Pero está mal que haga esas cosas.» «¿Cómo voy a cambiar si no me critico?»

La autocrítica, como la que se ilustra arriba, es solo la mente que sigue con el viejo parloteo. ¿Ves cómo has entrenado a tu mente para que te reprenda y se resista al cambio? Ignora esos pensamientos y sigue con el trabajo importante que tienes entre manos.

Volvamos a un ejercicio que hicimos antes (ver Día 3). Mírate de nuevo en el espejo y di: «Me apruebo a mí mismo». ¿Cómo te sientes ahora? ¿Es un poco más fácil después del trabajo que hemos hecho? Este sigue siendo el tema principal. La autoaprobación y la autoaceptación son las claves de los cambios positivos.

Parte de la autoaceptación es liberarse de las opiniones de los demás. Si estuviera contigo y te dijera sin parar: «Eres un cerdo morado, eres un cerdo morado», te reirías de mí, o te enfadarías conmigo y pensarías que estoy loca. Sería muy poco probable que pensaras que es verdad. Sin embargo, muchas de las cosas que hemos elegido creer sobre nosotros mismos son igual de descabelladas y falsas. Creer que tu autoestima depende de la forma de tu cuerpo es tu versión de creer que «eres un cerdo morado».

A menudo, lo que consideramos que está mal en nosotros no es más que la expresión de nuestra propia individualidad. Esta es nuestra singularidad y lo que es especial en nosotros. La naturaleza nunca se repite. Desde que el tiempo dio inicio en este planeta, nunca ha habido dos copos de nieve iguales ni dos gotas de lluvia iguales. Y cada margarita es diferente de las demás. Nuestras huellas digitales son diferentes, y nosotros somos diferentes. Estamos destinados a ser diferentes. Cuando podemos aceptarlo, no hay competencia ni comparación. Intentar ser como otro es marchitar nuestra alma. Hemos venido a este planeta para expresar lo que somos.

Ni siquiera sabía quién era hasta que empecé a aprender a quererme tal y como soy en este momento.

EJERCICIO:
Me quiero a mí mismo

Coge tu libreta y escribe en la parte superior: «Me quiero a mí mismo; por lo tanto...».

Completa esta frase de tantas maneras como puedas. Léela a diario y añádela a medida que se te ocurran cosas nuevas.

Si puedes trabajar con un compañero, hazlo. Cogeros de las manos y alternaros diciendo: «Me amo a mí mismo; por lo tanto...». El mayor beneficio de hacer este ejercicio es que aprendes que es casi imposible menospreciarte cuando dices que te quieres.

Hay una gran diferencia entre la necesidad de amor y estar necesitado de amor. Cuando estás necesitado de amor, significa que te falta el amor y la aprobación de la persona más importante que conoces: tú mismo. La primera relación que hay que mejorar es la que tienes contigo mismo. Cuando eres feliz contigo mismo, el resto de tus relaciones también mejoran. Una persona feliz es muy atractiva para los demás. Si estás buscando más amor, entonces necesitas amarte más a ti mismo. Esto significa no criticar, no quejarse, no culpar, no lloriquear y no elegir sentirse solo. Significa estar muy contento contigo mismo en el momento presente y elegir pensamientos que te hagan sentir bien ahora.

Si te ocurre algo desagradable durante el día, ve inmediatamente al espejo y di: «Te quiero igual». Los acontecimientos van y vienen, pero el amor que te tienes a ti mismo puede ser constante, y es la cualidad más importante que posees en la vida. Si ocurre algo maravilloso, ve al espejo y di: «Gracias». Reconócete a ti mismo por haber creado esta maravillosa experiencia.

A primera hora de la mañana y a última de la noche, quiero que te mires a los ojos y digas: «Te quiero, te quiero de verdad. Y te acepto tal y como eres». Puede ser duro al principio, pero si te mantienes firme, en poco tiempo esta afirmación será cierta para ti.

Descubrirás que a medida que tu amor propio crezca, también lo hará tu autoestima, y cualquier cambio que necesites hacer será más fácil de realizar cuando sepas que es el correcto para ti. El amor nunca está fuera de ti, siempre está dentro de ti. A medida que seas más cariñoso, serás más amable.

Te sugiero que trabajes en amarte sin parar. Demuestra el creciente amor que sientes por ti mismo. Regálate romance y amor. Muéstrate lo especial que eres. Mímate. Cómprate flores para tu casa y rodéate de colores, texturas y aromas que te gusten. La vida siempre nos devuelve los sentimientos que tenemos dentro.

Si quieres pasar de pensar en la soledad a pensar en la plenitud, entonces tienes que pensar en términos de crear una atmósfera mental amorosa dentro de ti y a tu alrededor. Cuando realmente amas lo que eres, te mantienes centrado, tranquilo y seguro, y tus relaciones tanto en casa como en el trabajo son maravillosas. Te encontrarás reaccionando a diversas situaciones y personas de manera diferente. Los asuntos que antes podían ser desesperadamente importantes ya no parecerán tan cruciales. Nuevas personas entrarán en tu vida, y quizás algunas viejas desaparezcan —esto puede ser algo aterrador al principio—, pero también puede ser maravilloso, refrescante y emocionante.

Afirmaciones para amarte a ti mismo

Haz que estas afirmaciones formen parte de tu rutina diaria. Dilas a menudo en el coche, en el trabajo, mientras te miras en el espejo o en cualquier momento en que sientas que tus creencias negativas afloran.

- Soy digno de mi propio amor.

- Soy amado y aceptado exactamente como soy, aquí y ahora.

- Mi conciencia está llena de pensamientos amorosos sanos y positivos que se reflejan en mi experiencia.

- El mayor regalo que puedo hacerme es el amor incondicional.

- Ya no espero ser perfecto para amarme a mí mismo.

- Me quiero exactamente como soy.

- Me veo muy bien y me siento muy bien. Aquí estoy abierto al mundo y receptivo a todo lo bueno.

- El amor es la cura milagrosa. Amarme a mí mismo obra milagros en mi vida.

- Me veo a mí mismo hermoso, adorable y apreciado. Estoy orgulloso de ser yo.

- Sé que antes de que los demás me amen, tengo que amarme a mí mismo. Mi amor propio comienza ahora.

- Soy gentil, amable y paciente conmigo mismo. Los que me rodean reflejan este carácter tierno.

- Soy la persona más importante de mi vida.

- Busco en mi interior para encontrar mis tesoros.

- Ahora estoy dispuesto a ver mi propia belleza y magnificencia.

- Amo lo que soy, y me recompenso con pensamientos de alabanza.

Día 12

La amistad

Hoy vamos a analizar la amistad, que puede ser la base de nuestras relaciones más duraderas e importantes. Podemos vivir sin amantes ni cónyuges. Podemos vivir sin nuestros parientes más cercanos. Pero la mayoría de nosotros no puede vivir felizmente sin amigos. Creo que elegimos a nuestros padres antes de nacer en este planeta, pero elegimos a nuestros amigos a un nivel más consciente.

Ralph Waldo Emerson, el gran filósofo y escritor estadounidense, escribió un ensayo sobre la amistad, donde la llamaba el «néctar de Dios». Explicó que en las relaciones románticas, una persona siempre está tratando de cambiar al otro, pero los amigos pueden tomar distancia y mirarse con aprecio y respeto.

Los amigos pueden ser una extensión o un sustituto del núcleo familiar. La mayoría de nosotros tiene una gran necesidad de compartir experiencias vitales con otros. No solo aprendemos más sobre los demás cuando entablamos una amistad, sino que también podemos aprender más sobre nosotros mismos. Estas relaciones son espejos de nuestra autoestima. Nos brindan la oportunidad perfecta para mirarnos a nosotros mismos, y a las áreas en las que podríamos necesitar crecer.

Cuando el vínculo entre amigos se vuelve tenso, podemos recurrir a los mensajes negativos de la infancia. Puede ser el momento de hacer una limpieza mental. Limpiar la casa mental después de toda una vida de mensajes negativos es un poco como empezar un programa nutricional sólido después de toda una vida de comer comida basura. Al cambiar la dieta, el cuerpo arrojará un residuo tóxico, y puede que te sientas peor durante uno o dos días.

Lo mismo ocurre cuando tomas la decisión de cambiar tus patrones mentales de pensamiento. Tus circunstancias pueden empeorar durante un tiempo, pero recuerda que puede que tengas que cavar a través de un montón de hierba seca para llegar a la tierra fértil de más abajo. Pero puedes hacerlo. ¡Sé que puedes!

EJERCICIO:
Explora tus amistades

Escribe la siguiente afirmación tres veces, y luego responde a las preguntas que siguen.

«Estoy dispuesto a abandonar cualquier patrón dentro de mí que genere amistades problemáticas.»

- ¿Cómo fueron tus primeras amistades en la infancia?
- ¿En qué se parecen tus amistades de hoy a esas amistades de la infancia?
- ¿Qué aprendiste de tus padres sobre la amistad?

- ¿Qué tipo de amigos tenían tus padres?
- ¿Qué tipo de amigos te gustaría tener en el futuro? Sé específico.

EJERCICIO:
Autoestima y amistad

Examinemos tu autoestima en el ámbito de la amistad. Responde a cada una de las siguientes preguntas. Después, escribe una afirmación positiva (en tiempo presente) para sustituir la antigua creencia.

1. ¿Me siento digno de tener buenos amigos?

Ejemplo de respuesta: no. ¿Por qué querría alguien estar cerca de mí?

Ejemplo de afirmación: me quiero y me acepto, y soy un imán para los amigos.

2. ¿Qué es lo que más temo de tener amigos íntimos?

Ejemplo de respuesta: tengo miedo a la traición. No siento que pueda confiar en nadie.

Ejemplo de afirmación: confío en mí mismo, en la vida y en mis amigos.

3. ¿Qué estoy obteniendo de esta creencia?

Ejemplo de respuesta: tengo que ser crítico. Espero a que mis amigos den un paso en falso para demostrarles que están equivocados.

Ejemplo de afirmación: todas mis amistades tienen éxito. Soy un amigo cariñoso y atento.

4. ¿Qué temo que ocurra si dejo de lado esta creencia?

Ejemplo de respuesta: perdería el control. Tendría que dejar que la gente me conociera de verdad.

Ejemplo de afirmación: amar a los demás es fácil cuando me amo y me acepto a mí mismo.

Si todos somos responsables de los acontecimientos de nuestra vida, entonces no hay nadie a quien culpar. Lo que ocurre ahí fuera es solo un reflejo de nuestro propio pensamiento interior.

EJERCICIO:
Pensar en tus amigos

Piensa en tres acontecimientos de tu vida en los que sientas que has sido maltratado o abusado por tus amigos. Quizás un amigo traicionó tu confianza o te abandonó en un momento de necesidad. Tal vez esta persona interfirió con un cónyuge o pareja.

En cada caso, nombra el acontecimiento y escribe los pensamientos que tuviste en el momento que precedió a cada acontecimiento.

Ejemplo de acontecimiento: cuando tenía dieciséis años, mi mejor amiga Susie se puso en mi contra y empezó a difundir rumores maliciosos sobre mí. Cuando intenté enfrentarme a ella, me mintió. Me quedé sin amigos durante todo el último año.

Ejemplo de pensamiento: no me merecía amigos. Me sentí atraído por mi amiga Susie porque era fría y criticona. Estaba acostumbrado a ser juzgado y criticado.

EJERCICIO:
El apoyo de tus amigos

Ahora, piensa en tres momentos de tu vida en los que hayas recibido el apoyo de tus amigos. Quizás un buen amigo te defendió o te dio dinero cuando lo necesitabas. Tal vez esa persona te ayudó a resolver una situación difícil.

En cada caso, nombra el acontecimiento y escribe los pensamientos que tuviste en el momento que precedió a cada acontecimiento.

Ejemplo de acontecimiento: siempre recordaré a Helen. Cuando en mi primer trabajo la gente se burló de mí porque había dicho algo estúpido en una reunión, Helen me defendió. Me ayudó a superar la vergüenza y salvó mi puesto.

Mis pensamientos más profundos fueron: aunque me equivoque, siempre habrá alguien que me ayude. Me merezco que me apoyen.

Visualizaciones

¿Hacia qué amigos necesitas mostrar reconocimiento? Tómate un momento para visualizarlos. Mira a esas personas a los ojos y di: «Te doy las gracias y te bendigo con amor por haber estado a mi lado cuando te he necesitado. Que tu vida esté llena de alegría».

¿A qué amigos tienes que perdonar? Tómate un momento para visualizarlos. Mira a esas personas a los ojos y diles: «Te perdono por no haber actuado como yo quería. Te perdono y te libero».

Afirmaciones para la amistad

Haz que estas afirmaciones formen parte de tu rutina diaria. Dilas a menudo en el coche, en el trabajo, mientras te miras en el espejo o en cualquier momento en que sientas que tus creencias negativas afloran.

- Me doy permiso para ser un amigo.

- Mis amigos son cariñosos y me apoyan.

- Cuando abandono toda la crítica, la gente que juzga se va de mi vida.

- Estoy abierto y receptivo a todos los puntos de vista.

- Yo respeto a los demás y ellos me respetan a mí.

- Mi amor y aceptación de los demás crea amistades duraderas.

- Para mí es seguro mostrarme abierto y receptivo.

- Dejo a mis amigos en paz. Ambos tenemos total libertad para ser nosotros mismos.

- Confío en mi sabiduría interior para que me guíe.

- Es seguro para mí pedir lo que quiero.

- Me muevo más allá de esas limitaciones y me expreso con honestidad.

- Sabiendo que los amigos fueron una vez extraños para mí, doy la bienvenida a nuevas personas en mi vida.

- Las personas que aman llenan mi vida, y me encuentro expresando fácilmente el amor hacia los demás.

- Las personas de mi vida son realmente un reflejo de mí. Mi mundo es seguro y amigable.

- Un rostro sonriente y unas palabras alegres y cariñosas son los mejores regalos que puedo compartir con todos mis conocidos.

Día 13

El amor y la intimidad

Hoy exploraremos el amor y nuestras relaciones más íntimas. Tenemos relaciones con todo. Incluso tienes una relación ahora con este libro, y conmigo y mis conceptos.

Las relaciones que tienes con los objetos, los alimentos, el clima, el transporte y las personas reflejan la relación que tienes contigo mismo. La relación que tienes contigo mismo está muy influenciada por las relaciones que tenías con los adultos que te rodeaban cuando eras niño. La forma en que los adultos reaccionaban con nosotros entonces suele ser la forma en que reaccionamos con nosotros mismos ahora, tanto positiva como negativamente.

Sondra Ray, la gran «renacedora» que tanto ha trabajado con las relaciones, afirma que cada relación importante que tenemos es un reflejo de la relación que tuvimos con uno de nuestros padres. También afirma que hasta que no limpiemos esa primera relación, nunca seremos libres de crear exactamente lo que queremos en las relaciones.

Las relaciones son espejos de nosotros mismos. Lo que atraemos siempre refleja las cualidades que tenemos o las creencias que tenemos sobre las relaciones. Esto es cierto tanto si se trata de un jefe, un compañero de trabajo, un empleado, un amigo, un amante, un cónyuge o un hijo. Lo que no te gusta de estas personas es lo que tú mismo haces o no harías, o lo que crees. No podrías atraerlos o tenerlos en tu vida si su forma de ser no complementara de alguna manera tu propia vida.

Atraemos el amor cuando menos lo esperamos, cuando no lo estamos buscando. La búsqueda del amor nunca trae la pareja adecuada. Solo crea anhelo e infelicidad. El amor nunca está fuera de nosotros; el amor está dentro de nosotros.

No insistas en que el amor llegue inmediatamente. Tal vez no estés preparado para ello, o no estés lo suficientemente desarrollado para atraer el amor que deseas. No te conformes con nadie solo por tener a alguien. Establece tus estándares. ¿Qué tipo de amor quieres atraer? Enumera las cualidades en ti mismo, y atraerás a una persona que las tenga. Podrías examinar qué puede estar alejando al amor. ¿Podrían ser las críticas? ¿Sentimientos de indignidad? ¿Normas poco razonables? ¿Imágenes de estrellas de cine? ¿Miedo a la intimidad? ¿La creencia de que no eres digno de ser amado?

Prepárate para el amor cuando llegue. Prepara el campo y prepárate para alimentar el amor. Sé cariñoso y recibirás cariño. Sé abierto y receptivo al amor.

¿Cómo experimentaste el amor cuando eras niño? ¿Observaste a tus padres expresando amor y afecto? ¿Te criaron con muchos abrazos? ¿O en tu familia el amor se expresaba con peleas, gritos, llantos, portazos, manipulación, control, silencio o venganza? Si fue así, lo más probable es que busques experiencias similares como adulto. Encontrarás personas que refuercen esas ideas. Si, de niño, buscabas amor y encontrabas dolor, entonces, como adulto, encontrarás dolor en lugar de amor... a menos que liberes tus viejos patrones familiares.

EJERCICIO:
Tus sentimientos sobre el amor

Responde a las siguientes preguntas lo mejor que puedas.

*   ¿Cómo terminó tu última relación?
*   ¿Cómo terminó la anterior a esa?
*   Piensa en tus dos últimas relaciones íntimas. ¿Cuáles fueron los principales problemas entre vosotros?
*   ¿De qué manera estos temas te recuerdan a tu relación con uno o ambos padres?

Quizás todas tus relaciones terminaron como resultado de que tu pareja te dejó. La necesidad de que te dejen puede deberse a un divorcio, a que uno de tus padres se alejó de ti porque no eras lo que quería que fueras, o a una muerte en la familia.

Para cambiar el patrón, tienes que perdonar a tu padre y entender que no tienes que repetir ese antiguo comportamiento. Si los liberas, te liberas a ti mismo.

Por cada hábito o patrón que repetimos una y otra vez, hay una necesidad dentro de nosotros de esa repetición. La necesidad corresponde a alguna creencia que tenemos. Si no hubiera necesidad, no tendríamos que tenerlo, hacerlo o serlo.

La autocrítica no rompe el patrón, lo hace el abandonar la necesidad.

EJERCICIO:
Tus relaciones

Responde a las siguientes preguntas lo mejor que puedas.

* ¿Qué aprendiste sobre el amor cuando eras niño?
* ¿Has tenido alguna vez un jefe que fuera «igual» que uno de tus padres? ¿Cómo?
* ¿Es tu pareja/esposo como uno de tus padres? ¿En qué sentido?
* ¿Qué o a quién tendrías que perdonar para cambiar este patrón?
* A partir de tu nueva comprensión, ¿cómo te gustaría que fuera tu relación?

Tus viejos pensamientos y creencias siguen formando tus experiencias hasta que los dejas ir. Tus pensamientos futuros no se han formado y no sabes cuáles serán. Tu pensamiento actual, el que estás pensando ahora mismo, está totalmente bajo tu control.

Somos los únicos que elegimos nuestros pensamientos. Puede que pensemos habitualmente en el mismo pensamiento una y otra vez para que no parezca que lo estamos eligiendo. Pero sí elegimos el original. Sin embargo, podemos negarnos a pensar ciertos pensamientos. ¿Cuántas veces te has negado a tener un pensamiento positivo sobre ti mismo? Bueno, también puedes negarte a pensar un pensamiento negativo sobre ti mismo. Solo hace falta practicar.

EJERCICIO:
Tus creencias sobre el amor y la intimidad

Examinemos estas creencias. Responde a cada una de las preguntas que aparecen a continuación y luego escribe una afirmación positiva (en tiempo presente) para sustituir la antigua creencia.

1. ¿Me siento digno de tener una relación íntima?
Ejemplo de respuesta: no. Otra persona huiría si me conociera de verdad.

Ejemplo de afirmación: soy adorable y vale la pena conocerme.

2. ¿Tengo miedo de amar?
Ejemplo de respuesta: sí. Tengo miedo de que mi pareja no sea fiel.

Ejemplo de afirmación: siempre estoy seguro en el amor.

3. ¿Qué estoy obteniendo de esta creencia?
Ejemplo de respuesta: no dejo que el romance entre en mi vida.

Ejemplo de afirmación: es seguro para mí abrir mi corazón para dejar entrar el amor.

4. ¿Qué temo que ocurra si dejo de lado esta creencia?
Ejemplo de respuesta: que se aprovechen de mí y me hagan daño.

Ejemplo de afirmación: es seguro para mí compartir mi yo más íntimo con los demás.

Afirmaciones para el amor y la intimidad

Haz que estas afirmaciones formen parte de tu rutina diaria. Dilas a menudo en el coche, en el trabajo, mientras te miras en el espejo o en cualquier momento en que sientas que tus creencias negativas afloran.

- Me quiero y me acepto, y estoy a salvo.

- El amor es eterno.

- El amor me hace sentir libre.

- Es seguro para mí estar enamorado.

- Mi pareja y yo nos cuidamos mutuamente.

- Mi pareja y yo siempre somos socios en igualdad.

- Los celos solo son inseguridad. Ahora desarrollo mi propia autoestima.

- La gente me quiere cuando soy yo mismo.

- Soy digno de ser amado.

- Quererme a mí mismo y a los demás es cada día más fácil.

- Cuanto más me abro al amor, más seguro estoy.

- Mi pareja y yo respetamos las decisiones del otro.

- Ahora creo una relación duradera y amorosa.

- Me doy permiso para experimentar el amor íntimo.

- Todas mis relaciones son armoniosas.

Día 14

La creatividad

Hoy nuestro tema es la creatividad, que todos poseemos y podemos desarrollar mucho más de lo que creemos.

Nunca podrás expresarte creativamente, hablando o pensando en lo torpe que eres. Si dices: «No soy creativo», es una afirmación que será cierta para ti mientras sigas utilizándola. Hay una creatividad innata que fluye a través de ti, y si la dejas salir, te sorprenderá y deleitará. Estás conectado con el flujo creativo de energía del universo. Puede que algunos de vosotros os expreséis de forma más creativa que otros, pero todos podéis hacerlo.

Creamos nuestras vidas cada día. Cada uno de nosotros tiene un talento y una capacidad únicos. Por desgracia, demasiados de nosotros hemos visto reprimida esta creatividad cuando éramos niños por parte de adultos bienintencionados. Una vez tuve un profesor que me dijo que no podía bailar porque era demasiado alta. A un amigo le dijeron que no podía dibujar porque había dibujado el árbol equivocado. Es todo tan estúpido. Pero éramos niños obedientes y nos creíamos los mensajes. Ahora podemos dejarlos atrás.

Otra falsa suposición es que hay que ser artista para ser creativo. Ésa es solo una forma de creatividad, y hay muchas más. Estás creando en cada momento de tu vida, desde la creación más común y corriente de nuevas células en tu cuerpo hasta tus respuestas emocionales, tu trabajo actual, tu cuenta bancaria, tus relaciones con los amigos y tus propias actitudes sobre ti mismo. Todo es creatividad.

Además, puedes ser muy bueno haciendo la cama, puedes cocinar comida deliciosa, puedes hacer tu trabajo de forma creativa, puedes ser un artista en el jardín o puedes ser inventivo en las formas de ser amable con los demás. Estas son algunos de los millones de formas de expresarse creativamente. No importa qué manera elijas, querrás sentir satisfacción y sentirte profundamente realizado por todo lo que haces.

Estás divinamente guiado por el espíritu en todo momento. Debes saber que el espíritu no comete errores. Cuando hay un fuerte deseo dentro de ti de expresar o crear algo, debes saber que este sentimiento es un descontento divino. Tu anhelo es tu llamada, y no importa lo que sea, si vas con él, serás guiado, vigilado y tendrás el éxito asegurado. Cuando un propósito o un camino se presenta ante ti, tienes la opción de confiar y dejar que fluya, o permanecer atascado en el miedo. Confiar en la perfección que reside en tu interior es la clave. Sé que puede ser aterrador. Todo el mundo tiene miedo de algo, pero puedes hacerlo igualmente. Recuerda que el universo te ama y quiere que tengas éxito en todo lo que hagas. Te estás expresando creativamente en cada momento de cada día. Estás siendo tú en tu propia y única manera. Sabiendo eso, ahora puedes abandonar cualquier falsa creencia mental de que no eres creativo, y seguir adelante con todos y cada uno de los proyectos que se te ocurran.

Nunca cometas el error de pensar que eres demasiado viejo para nada. Mi propia vida no empezó hasta los cuarenta años, cuando empecé a dar clases. A los cincuenta años, creé mi empresa editorial a muy pequeña escala. A los cincuenta y cinco, me aventuré en el mundo de los ordenadores, yendo a clase y superando mi miedo hacia ellos. A los sesenta, comencé mi primer jardín y me he convertido en una ávida jardinera orgánica que cultiva sus propios alimentos. A los setenta, me inscribí en una clase de arte para niños. Unos años más tarde, cambié totalmente mi forma de escribir. Me inspiré en la autora Vimala Rodgers, que escribió *Your Handwriting Can Change Your Life* (*Tu caligrafía puede cambiar tu vida*). A los setenta y cinco años, tomé clases de arte para adultos y he empezado a vender mis cuadros. Mi actual profesor de arte quiere que me dedique a la escultura. Y hace poco he empezado a practicar yoga, y mi cuerpo está experimentando cambios positivos.

Hace unos meses, decidí ampliar mis horizontes en áreas que me daban miedo, y me apunté a los bailes de salón. Ahora tomo varias clases a la semana y estoy cumpliendo el sueño de mi infancia de aprender a bailar.

Me encanta aprender cosas que no he experimentado. ¿Quién sabe lo que haré en el futuro? Lo que sí sé es que estaré haciendo mis afirmaciones y expresando nueva creatividad hasta el día en que deje este planeta.

Si hay un proyecto particular en el que quieres trabajar, o si simplemente quieres ser más creativo en general, entonces puedes usar algunas de las siguientes afirmaciones. Úsalas con alegría mientras liberas tu creatividad en un millón de proyectos diferentes.

Afirmaciones para la creatividad

Haz que estas afirmaciones formen parte de tu rutina diaria. Dilas a menudo en el coche, en el trabajo, mientras te miras en el espejo o en cualquier momento en que sientas que tus creencias negativas afloran.

- Abandono toda resistencia a expresar mi creatividad plenamente.

- Creo fácilmente y sin esfuerzo cuando dejo que mis pensamientos provengan del espacio amoroso de mi propio corazón.

- Cada día hago algo nuevo, o al menos diferente.

- Hay mucho tiempo y oportunidades para la expresión creativa en cualquier área que elija.

- Mi familia me apoya totalmente para que cumpla mis sueños.

- Todos mis proyectos creativos me producen una gran satisfacción.

- Sé que puedo crear milagros en mi vida.

- Me siento bien expresándome a través de todo tipo de formas creativas.

- Soy un ser único: especial, creativo y maravilloso.

- Mi potencial es ilimitado.

- Soy una expresión alegre y creativa de la vida.

- Mi creatividad innata me sorprende y me deleita.

- Pienso con claridad y me expreso con facilidad.

- Me doy permiso para realizarme creativamente.

- Mis talentos son demandados y mis dones únicos son apreciados por quienes me rodean.

Día 15

El trabajo

Hoy vamos a explorar el tema del trabajo. Nuestros empleos y el trabajo que realizamos son un reflejo de nuestra propia autoestima y de nuestro valor para el mundo. Por un lado, el trabajo es un intercambio de tiempo y servicios por dinero. Me gusta creer que todas las formas de negocio son oportunidades para que gocemos y prosperemos mutuamente.

El tipo de trabajo que hacemos es importante para nosotros porque somos individuos únicos. Queremos sentir que contribuimos al mundo. Necesitamos expresar nuestros propios talentos, inteligencia y capacidad creativa.

Encontrar el éxito profesional es un gran problema para muchas personas. Sin embargo, siempre puedes tener un trabajo de éxito si simplemente cambias tu forma de pensar sobre el trabajo. Nunca encontrarás placer en el trabajo si odias tu trabajo o no soportas a tu jefe. Qué terrible afirmación es esa. Será imposible que atraigas un gran trabajo con ese sistema de creencias. Si quieres disfrutar de tu tiempo en el trabajo, entonces debes cambiar tu forma de pensar. Soy un gran creyente en bendecir a cada persona, lugar y cosa en el lugar de trabajo con amor. Comienza con tu trabajo actual:

Afirma que no es más que un trampolín hacia posiciones mucho mejores.

Estás en tu trabajo actual por cosas que creías en el pasado. Lo has atraído por tu forma de pensar. Tal vez aprendiste tu actitud hacia el trabajo de tus padres. No importa, ahora puedes cambiar tu forma de pensar. Así que bendice con amor a tu jefe, a tus compañeros de trabajo, el lugar, el edificio, los ascensores o las escaleras, las oficinas, los muebles y a todos y cada uno de los clientes. Esto crea una atmósfera mental de amor dentro de ti, y todo el entorno responderá a ello.

Los pensamientos pueden cambiarse, y las situaciones también. Ese jefe que nos parece intolerable puede convertirse en nuestro campeón. Ese puesto sin salida y sin esperanzas de ascenso puede abrirse a una nueva carrera llena de posibilidades. El compañero de trabajo que nos resulta tan molesto puede convertirse, si no en un amigo, al menos en alguien con quien es más fácil llevarse bien. El salario que nos parece insuficiente puede aumentar en un abrir y cerrar de ojos. Podríamos encontrar un nuevo y maravilloso trabajo.

Hay un número infinito de canales si somos capaces de cambiar nuestra forma de pensar. Abrámonos a todas las posibilidades. Debemos aceptar en conciencia que la abundancia y la realización pueden venir de cualquier parte.

El cambio puede ser pequeño al principio, como un encargo adicional de tu jefe en el que puedas demostrar tu inteligencia y creatividad. Puede que descubras que si no tratas a un compañero de trabajo como si fuera el enemigo, se producirá un cambio notable en su comportamiento. Sea cual sea el cambio, acéptalo y alégrate de él. No estás solo. Tú eres el cambio. ¡El poder que te creó te ha dado el poder de crear tus propias experiencias!

EJERCICIO:
Pensar en tu vida laboral

- Si pudieras convertirte en algo, ¿qué serías?
- Si pudieras tener el trabajo que quisieras, ¿cuál sería?
- ¿Qué te gustaría cambiar de tu trabajo actual?
- ¿Qué cambiarías de tu empleador?
- ¿Trabajas en un entorno agradable?
- ¿A quién necesitas perdonar más en el trabajo?

EJERCICIO:
La autoestima en el trabajo

Examinemos tus sentimientos de autoestima en el ámbito del empleo. Después de responder a cada una de las siguientes preguntas, escribe una afirmación (en tiempo presente).

1. ¿Me siento digno de tener un buen trabajo?

Ejemplo de respuesta: a veces no me siento lo suficientemente bien.

Ejemplo de afirmación: soy totalmente adecuado para todas las situaciones.

2. ¿Qué es lo que más temo del trabajo?

Ejemplo de respuesta: mi empleador descubrirá que no soy bueno, me despedirá y no encontraré otro trabajo.

Ejemplo de afirmación: me centro en la seguridad y acepto la perfección de mi vida. Todo está bien.

3. ¿Qué estoy obteniendo de esta creencia?

Ejemplo de respuesta: intento gustar a todos en el trabajo, y convierto a mi jefe en un padre.

Ejemplo de afirmación: es mi mente la que crea mis experiencias. Tengo capacidad ilimitada para generar cosas buenas en mi vida.

4. ¿Qué temo que ocurra si dejo de lado esta creencia?

Ejemplo de respuesta: tendría que crecer y ser responsable.

Ejemplo de afirmación: sé que valgo la pena. Es seguro para mí tener éxito. La vida me ama.

EJERCICIO:
Visualización

¿Cuál sería el trabajo perfecto? Tómate un momento para verte a ti mismo en ese trabajo. Visualízate en el entorno, ve a tus compañeros de trabajo y siente cómo sería hacer un trabajo que te llenara por completo, mientras ganas un buen sueldo. Mantén esa visión para ti mismo, y date cuenta de que se ha cumplido en tu conciencia.

Por favor, no creas que es difícil conseguir un trabajo. Eso puede ser cierto para muchos, pero no tiene por qué serlo para ti. Solo necesitas un trabajo, y tu conciencia te abrirá el camino. No tengas fe en el miedo. Cuando oigas hablar de tendencias negativas en los negocios o en la economía, afirma inmediatamente: «Puede ser cierto para algunos, pero no lo es para mí. Yo siempre prospero, no importa dónde esté o lo que esté pasando».

Sabes que tienes éxito en todo lo que haces. Estás inspirado y eres productivo. Sirves a los demás de buena gana y con gusto. Reina la armonía divina dentro y alrededor de ti y dentro y alrededor de cada persona en tu lugar de trabajo.

Si te gusta tu trabajo pero sientes que no te pagan lo suficiente, da gracias por tu salario actual con amor. Expresar gratitud por lo que tienes ahora permite que tus ingresos crezcan. Y por favor, no te quejes más del trabajo o de tus compañeros. Tu conciencia te puso donde estás ahora. Tu conciencia cambiante puede elevarte a una posición mejor. ¡Tú puedes hacerlo!

Afirmaciones para el trabajo

Haz que estas afirmaciones formen parte de tu rutina diaria. Dilas a menudo en el coche, en el trabajo, mientras te miras en el espejo o en cualquier momento en que sientas que tus creencias negativas afloran.

- Me merezco tener una carrera exitosa, y lo acepto ahora.

- Me gusta el trabajo que hago y la gente con la que trabajo.

- Siempre estoy relajado en el trabajo.

- Cuando me encuentro con problemas en el trabajo, estoy dispuesto a pedir ayuda.

- La alegría que encuentro en mi carrera se refleja en mi felicidad general.

- Mi trabajo es reconocido por todos.

- Estoy agradecido por este empleo.

- Convierto cada experiencia en una oportunidad.

- Todos mis supervisores me tratan con cariño y respeto.

- Soy capaz, competente y estoy en el lugar perfecto.

- Veo lo mejor de cada uno, y ellos responden de la misma manera.

- Mis pensamientos crean una nueva y maravillosa oportunidad.

- Todo lo que toco es un éxito.

- Cada vez se abren nuevas puertas.

- Estoy abierto y receptivo a nuevas vías de ingresos.

Día 16

El dinero y la prosperidad

Hoy vamos a ver el dinero y la prosperidad.

Nunca puedes crear prosperidad hablando o pensando en tu falta de dinero. Esto es un pensamiento desperdiciado y no puede traerte abundancia. Pensar en la carencia solo crea más carencia. Pensar en la pobreza trae más pobreza. Pensar en la gratitud trae abundancia.

Hay algunas afirmaciones y actitudes negativas que garantizan que la prosperidad quede fuera de tu alcance, por ejemplo: «¡Nunca tengo suficiente dinero!». Esa es una afirmación terrible. Otra improductiva es: «El dinero sale más rápido de lo que entra». Este es un pensamiento de pobreza de la peor clase. El universo solo puede responder a lo que tú crees sobre ti mismo y tu vida. Examina cualquier pensamiento negativo que tengas sobre el dinero, y luego decide abandonarlo y dejarlo ir. No te han servido en el pasado y no te servirán en el futuro.

A veces la gente piensa que sus problemas financieros se resolverán heredando dinero de un pariente que se fue hace tiempo o ganando la lotería. Claro que puedes fantasear con esas cosas, o incluso comprar un billete de lotería de vez en cuando para divertirte, pero por favor no pongas mucha atención en adquirir dinero de esta manera. Este es un pensamiento de escasez, o de pobreza, y no traerá un bien duradero a tu vida. Afirmar, declarar, merecer y permitir son los pasos para demostrar riquezas mucho mayores que las que podrías ganar en la lotería.

Otra cosa que puede impedirte prosperar es ser deshonesto. Todo lo que das vuelve a ti. Siempre. Si le quitas a la vida, la vida te quitará a ti. Es así de sencillo. Puede que sientas que no robas, pero ¿estás contando los clips y sellos que te llevas a casa de la oficina? ¿O eres una persona que roba tiempo o roba el respeto a los demás, o quizás roba relaciones? Todas estas cosas cuentan y son una forma de decirle al universo: «Realmente no merezco lo bueno de la vida. Tengo que colarme y robarlo».

Toma conciencia de las creencias que pueden estar bloqueando el flujo de dinero en tu vida. Luego cambia esas creencias y empieza a crear un pensamiento nuevo y abundante. Aunque nadie en tu familia lo haya hecho, puedes abrir tu mente al concepto de que el dinero fluye en tu vida.

Si quieres prosperar, entonces debes usar el pensamiento de prosperidad. Hay dos afirmaciones de prosperidad que he utilizado durante muchos años, y que me funcionan bien. También te funcionarán a ti. Son:

«Mis ingresos aumentan constantemente» y «Prospero dondequiera que vaya».

Tenía muy poco dinero cuando empecé a utilizar estas afirmaciones, pero la práctica constante ha hecho que se hagan realidad para mí.

Como he dicho muchas veces, tu conciencia de prosperidad no depende del dinero; tu flujo de dinero depende de tu conciencia de prosperidad.

Nuestra búsqueda de dinero debe contribuir a la calidad de nuestras vidas. Si no lo hace, es decir, si odiamos lo que hacemos para ganar dinero, entonces el dinero será inútil. La prosperidad tiene que ver con la calidad de nuestras vidas, así como con la cantidad de dinero que poseemos.

La prosperidad no se define solo por el dinero; abarca el tiempo, el amor, el éxito, la alegría, el confort, la belleza y la sabiduría. Por ejemplo, puedes ser pobre con respecto al tiempo. Si te sientes apurado, presionado y acosado, entonces tu tiempo está impregnado de pobreza. Pero si sientes que tienes todo el tiempo que necesitas para terminar cualquier tarea que tengas a mano, y estás seguro de que puedes terminar cualquier trabajo, entonces eres próspero en lo que respecta al tiempo.

¿O qué hay del éxito? ¿Sientes que está fuera de tu alcance y que es completamente inalcanzable? ¿O crees que puedes tener éxito por derecho propio? Si es así, entonces eres rico con respecto al éxito.

Debes saber que, sean cuales sean tus creencias, pueden cambiarse en este momento. El poder que te creó te ha dado el poder de crear tus propias experiencias. ¡Puedes cambiar!

EJERCICIO:
Trabajo de espejo

Ponte de pie con los brazos extendidos y di: «Estoy abierto y receptivo a todo lo bueno». ¿Cómo te sientes?

Ahora, mírate al espejo y repítelo con sentimiento.

¿Qué tipo de emociones te surgen? Es liberador, ¿verdad? Haz este ejercicio cada mañana. Es un gesto maravillosamente simbólico que puede aumentar tu conciencia de prosperidad y traer más bien a tu vida.

EJERCICIO:
Tus sentimientos sobre el dinero

Examinemos tus sentimientos de autoestima en este ámbito. Responde a las siguientes preguntas lo mejor que puedas.

- Vuelve al espejo. Mírate a los ojos y di: «Mi mayor miedo con respecto al dinero es...». Escribe tu respuesta y dite a ti mismo por qué te sientes así.
- ¿Qué aprendiste sobre el dinero cuando eras niño?
- ¿Tus padres crecieron durante una crisis económica? ¿Qué pensaban sobre el dinero?
- ¿Cómo se manejan las finanzas en tu familia?
- ¿Cómo manejas el dinero ahora?
- ¿Qué te gustaría cambiar en tu conciencia del dinero?

Ejercicio:
Tu conciencia del dinero

Examinemos más a fondo tus sentimientos de autoestima en el área del dinero. Responde a las siguientes preguntas lo mejor que puedas. Después de cada creencia negativa, crea una afirmación positiva en tiempo presente para ocupar su lugar.

1. ¿Me siento digno de tener y disfrutar del dinero?

Ejemplo de respuesta: la verdad es que no. Gasto el dinero en cuanto lo consigo.

Ejemplo de afirmación: doy gracias por el dinero que tengo. Es seguro ahorrar dinero y dejar que mi dinero trabaje para mí.

2. ¿Cuál es mi mayor temor con respecto al dinero?

Ejemplo de respuesta: tengo miedo de estar siempre en la ruina.

Ejemplo de afirmación: ahora acepto la abundancia ilimitada de un universo ilimitado.

3. ¿Qué estoy obteniendo de esta creencia?

Ejemplo de respuesta: consigo seguir siendo pobre, y consigo que otros me cuiden.

Ejemplo de afirmación: reclamo mi propio poder y creo mi propia realidad a través del amor. Confío en el proceso de la vida.

4. ¿Qué temo que me ocurra si dejo de lado esta creencia?

Ejemplo de respuesta: nadie me querrá ni cuidará de mí.

Ejemplo de afirmación: estoy seguro en el universo, y toda la vida me ama y me apoya.

Afirmaciones para el dinero
y la prosperidad

Haz que estas afirmaciones formen parte de tu rutina diaria. Dilas a menudo en el coche, en el trabajo, mientras te mira en el espejo o en cualquier momento en que sientas que tus creencias negativas afloran.

- Vivo en un universo amoroso, abundante y armonioso, y estoy agradecido.

- Soy un imán para el dinero. La prosperidad de todo tipo llega a mí.

- Soy digno de tener dinero en el banco.

- Mis ingresos aumentan constantemente.

- Hoy el dinero me llega de formas esperadas e inesperadas.

- Mi solvencia crediticia es cada vez mayor.

- Gasto el dinero sabiamente.

- Siempre tengo todo lo que necesito.

- Tengo todo el dinero que puedo aceptar.

- Bendigo todas mis facturas con amor. Las pago a tiempo.

- Siempre soy solvente económicamente.

- Me alegro de estar preparando mi jubilación.

- Me gusta ahorrar, y gasto con equilibrio.

- Me encanta la seguridad financiera que es una constante en mi vida.

- Me doy permiso para prosperar.

Día 17

Las adicciones

El comportamiento adictivo, que es otra forma de decir «no soy lo suficientemente bueno», es nuestro tema de hoy. Cuando estamos atrapados en este tipo de comportamiento, estamos tratando de huir de nosotros mismos. No queremos estar en contacto con nuestros sentimientos. Algo que estamos creyendo, recordando, diciendo o haciendo es demasiado doloroso para que lo veamos; así que comemos en exceso, bebemos, nos involucramos en un comportamiento sexual compulsivo, tomamos pastillas, gastamos dinero que no tenemos y atraemos relaciones amorosas abusivas.

Hay programas de doce pasos que se ocupan de la mayoría de estas adicciones, y funcionan bien para miles de personas. Si tienes un problema grave de adicción, te animo a que asistas a las reuniones de Alcohólicos Anónimos (AA) o Al-Anon. Te proporcionarán la ayuda que necesitas mientras atraviesas estos importantes cambios.

En este capítulo, no podemos esperar duplicar los resultados que estos programas han producido en personas con conductas adictivas. Pienso que primero debemos darnos cuenta de que hay una necesidad en nosotros mismos de estas acciones compulsivas. Esa necesidad debe ser abandonada antes de que podamos cambiar de comportamiento.

Quererse y aprobarse a sí mismo, confiar en el proceso de la vida y sentirse seguro porque se conoce el poder de la propia mente son cuestiones extremadamente importantes cuando se trata de comportamientos adictivos. Mi experiencia con personas adictas me ha demostrado que la mayoría de estos individuos sienten un profundo odio hacia sí mismos. Son muy implacables consigo mismos. Día tras día, se castigan a sí mismos. ¿Por qué? Porque en algún momento (muy probablemente cuando eran niños), se creyeron la idea de que no eran lo suficientemente buenos, que eran malos y que necesitaban un castigo.

Las experiencias de la primera infancia que implican abuso físico, emocional o sexual contribuyen a ese tipo de odio hacia uno mismo. La honestidad, el perdón, el amor propio y la voluntad de vivir en la verdad pueden ayudar a curar esas heridas tempranas y dar a los individuos adictivos un respiro de su comportamiento. También encuentro que la personalidad adictiva es temerosa. Hay un gran miedo a dejarse llevar y a confiar en el proceso de la vida. Mientras creamos que el mundo es un lugar inseguro con personas y situaciones que esperan «pillarnos», esa creencia será nuestra realidad.

¿Estás dispuesto a dejar ir las ideas y creencias que no te apoyan ni te nutren? Si es así, entonces estás listo para continuar este viaje.

EJERCICIO:
Abandona tus adicciones

Aquí es donde se producen los cambios: ¡Aquí y ahora en tu propia mente! Respira profundamente, cierra los ojos y piensa en la persona, el lugar o la cosa a la que eres adicto. Piensa en la confusión que hay detrás de la adicción. Estás tratando de arreglar lo que crees que está mal dentro de ti por agarrarte a algo que está fuera de ti. El punto de poder está en el momento presente, y puedes empezar a cambiar hoy mismo.

Una vez más, debes estar dispuesto a abandonar la necesidad. Di: «Estoy dispuesto a abandonar la necesidad de... en mi vida. La abandono ahora y confío en el proceso de la vida para satisfacer mis necesidades».

Di esta afirmación cada mañana en tu meditación y oraciones diarias. Has dado un paso más hacia la libertad.

EJERCICIO:
Tu adicción secreta

Enumera diez secretos que nunca has compartido con nadie sobre tu adicción. Si eres una persona que come en exceso, tal vez hayas comido en un cubo de basura. Si eres alcohólico, tal vez hayas guardado alcohol en tu coche para poder beber mientras conduces. Si eres un jugador compulsivo, tal vez pusiste a tu familia en peligro por pedir dinero prestado para alimentar tu problema de juego. Sé totalmente sincero y abierto.

¿Cómo te sientes ahora? Observa tu peor secreto. Visualízate en ese periodo de tu vida y ama a esa persona.

Expresa lo mucho que le quieres y le perdonas. Mírate al espejo y di: «Te perdono y te quiero tal y como eres». Respira.

EJERCICIO:
Pregunta a tu familia

Vuelve por un momento a tu infancia y responde a algunas preguntas. Anota las respuestas y reflexiona sobre ellas.

- Mi madre siempre me hacía...
- Lo que realmente quería que dijera era...
- Lo que mi madre realmente no sabía era...
- Mi padre me dijo que no debía...
- Si mi padre supiera...
- Me gustaría haberle dicho a mi padre...
- Madre, te perdono por...
- Padre, te perdono por...

Afirmaciones para las adicciones

Haz que estas afirmaciones formen parte de tu rutina diaria. Dilas a menudo en el coche, en el trabajo, mientras te miras en el espejo o en cualquier momento en que sientas que tus creencias negativas afloran.

- Estoy en paz.

- Soy totalmente adecuado para todas las situaciones.

- Libero mi estrés con una respiración profunda.

- Tengo el poder, la fuerza y el conocimiento para manejar todo en mi vida.

- Me nutro de mi propio amor.

- Irradio aceptación y soy profundamente amado por los demás.

- Abandono la necesidad de ser perfecto. Soy suficiente tal y como soy.

- Estoy abierto a la sabiduría interior.

- Veo mis patrones y hago cambios sin vergüenza ni culpa.

- Reconozco que la conciencia es el primer paso para sanar o cambiar. Cada día soy más consciente.

- Me relajo en el flujo de la vida y dejo que la vida me proporcione todo lo que necesito con facilidad y comodidad.

- Estoy dispuesto a crear nuevos pensamientos sobre mí mismo y mi vida.

- Nadie puede maltratarme. Me quiero, me aprecio y me respeto.

- Soy gentil y amable conmigo mismo mientras crezco y cambio.

- Ninguna persona, lugar o cosa tiene poder sobre mí. Soy libre.

Día 18

El envejecimiento

Hoy vamos a explorar un tema en el que a muchos de nosotros no nos gusta pensar: el envejecimiento. El hecho es que, independientemente de la edad que tengamos, todos envejeceremos. Sin embargo, también tendremos un gran control sobre cómo envejeceremos.

¿Qué es lo que nos hace envejecer? Ciertas creencias sobre el envejecimiento, como la creencia de que tenemos que enfermar cuando envejecemos. La creencia en la enfermedad. Odiar el cuerpo. La creencia en la falta de tiempo. La ira y el odio. El odio hacia uno mismo. La amargura. La vergüenza y la culpa. El miedo. Los prejuicios. La autosuficiencia. El hecho de juzgar. El llevar cargas. El ceder nuestro control a los demás. Todas estas son creencias que nos envejecen.

No tenemos que aceptar estos conceptos negativos. Podemos darle la vuelta a todo esto. No tiene por qué seguir siendo así. Podemos recuperar nuestro poder.

Sentirse vital y con energía es mucho más importante que una o dos arrugas en la frente (o incluso más), pero hemos acordado que, a menos que seamos jóvenes y bellos, no somos aceptables. ¿Por qué aceptamos esa creencia? ¿Dónde hemos perdido el amor y la compasión por nosotros mismos y por los demás? Hemos convertido la vida en nuestros cuerpos en una experiencia incómoda. Cada día buscamos algo que esté mal en nosotros y nos preocupamos por cada arruga. Esto solo nos hace sentir mal y crea más arrugas. Esto no es amor propio. Esto es odio hacia uno mismo, y solo contribuye a nuestra falta de autoestima.

Antes vivíamos muy poco, primero hasta la mitad de la adolescencia, luego hasta los veinte años, luego hasta los treinta y luego hasta los cuarenta. Incluso a principios de siglo, se consideraba que eras viejo a los cincuenta años. En 1900, nuestra esperanza de vida era de cuarenta y siete años. Ahora aceptamos los ochenta como una vida normal. ¿Por qué no podemos dar un salto cuántico en la conciencia y hacer que el nuevo nivel de aceptación sea de ciento veinte o ciento cincuenta años?

No está fuera de nuestro alcance. Creo que vivir mucho más tiempo se convertirá en algo normal y natural para la mayoría de nosotros en una o dos generaciones. Los cuarenta y cinco años solían ser la mediana edad, pero eso ya no será así. Creo que los setenta y cinco años se convertirán en la nueva mediana edad. Durante generaciones, hemos permitido que los números que corresponden a los años que llevamos en el planeta nos digan cómo sentirnos y cómo comportarnos. Como en cualquier otro aspecto de la vida, lo que aceptamos y creemos mentalmente sobre el envejecimiento se convierte en realidad para nosotros. Pues bien, ¡es hora de cambiar nuestras creencias sobre el envejecimiento! Cuando miro a mi alrededor y veo a personas mayores frágiles, enfermas y asustadas, me digo: «No tiene por qué ser así». Muchos de nosotros hemos aprendido que cambiando nuestra forma de pensar, podemos cambiar nuestras vidas.

Sé que podemos cambiar nuestras creencias sobre el envejecimiento y hacer del proceso de envejecimiento una experiencia positiva, vibrante y saludable. Pero para ello, los *Ancianos de Excelencia* (por el título de mi libro: *Elders of Excellence*) tenemos que salir de la mentalidad de víctimas. Es hora de que nuestros mayores recuperen su poder frente a las industrias médica y farmacéutica. Están siendo vapuleados por la medicina de alta tecnología, que es muy cara y destruye su salud. Ya es hora de que todos nosotros (y especialmente los mayores) aprendamos a tomar el control de nuestra propia salud. Tenemos que aprender sobre la conexión cuerpo-mente, para saber que lo que hacemos, decimos y pensamos contribuye a la enfermedad o a la salud.

EJERCICIO:
Tus creencias sobre el envejecimiento

Responde a las siguientes preguntas lo mejor que puedas.

- ¿Cómo envejecen tus padres? (¿O cómo envejecieron si ya han fallecido?)
- ¿Cómo de viejo te sientes?
- ¿Qué haces para ayudar a nuestra sociedad/país/planeta?
- ¿Cómo creas amor en tu vida?
- ¿Quiénes son sus modelos positivos de conducta?
- ¿Qué les enseñas a tus hijos sobre el envejecimiento?
- ¿Qué estás haciendo hoy para prepararte para una vejez sana, feliz y vital?
- ¿Cómo te sientes y tratas ahora a las personas mayores?

- ¿Cómo imaginas tu vida cuando tengas sesenta, setenta y cinco, ochenta y cinco años?
- ¿Cómo quieres que te traten cuando seas mayor?
- ¿Cómo quieres morir?

Ahora vuelve atrás y convierte mentalmente cada respuesta negativa anterior en una afirmación positiva. Imagina que tus últimos años son tus años dorados.

Hay una olla de oro al final del arcoíris. Sabemos que los tesoros están ahí. Los últimos años de nuestra vida deben ser los años de nuestros mayores tesoros. Debemos aprender a hacer de ellos los mejores años de nuestra vida. Aprendemos estos secretos más tarde en la vida, y deben ser compartidos con las generaciones que vienen. Sé que lo que yo llamo juventud puede conseguirse; solo es cuestión de descubrir cómo.

Estos son algunos de los secretos de la juventud, por lo que a mí respecta:

- Abandonar la palabra viejo de nuestro vocabulario.

- Convertir el concepto envejecimiento en vivir más.

- Estar dispuesto a aceptar nuevos conceptos.

- Dar un salto cualitativo en tu forma de pensar.

- Modificar nuestras creencias.

- Rechazar la manipulación.

- Cambiar lo que consideramos «normal».

- Convertir la enfermedad en una salud vibrante.

- Cuidar bien nuestro cuerpo.

- Abandonar las creencias limitantes.

- Estar dispuestos a adaptar nuestra forma de pensar.

- Aceptar las nuevas ideas.

- Aceptar la verdad sobre nosotros mismos.

- Prestar un servicio desinteresado a nuestras comunidades.

Queremos crear un ideal consciente de nuestros últimos años como la fase más gratificante de nuestra vida. Necesitamos saber que nuestro futuro es siempre prometedor, sea cual sea nuestra edad. Podemos hacerlo si cambiamos nuestros pensamientos. Es hora de disipar las imágenes que nos asustan de la vejez. Es hora de dar un salto cualitativo en nuestra forma de pensar. Tenemos que eliminar la palabra viejo de nuestro vocabulario y convertirnos en un mundo en el que los longevos sigan siendo jóvenes, y en el que la esperanza de vida no sea un número finito. Queremos que nuestros últimos años se conviertan en nuestro tesoro.

Afirmaciones para el envejecimiento

Haz que estas afirmaciones formen parte de tu rutina diaria. Dilas a menudo en el coche, en el trabajo, mientras te miras en el espejo o en cualquier momento en que sientas que tus creencias negativas afloran.

- Abandono todos los miedos relacionados con la edad.

- Soy hermoso en mente y cuerpo.

- Soy autosuficiente y fuerte.

- Es mi derecho de nacimiento vivir plena y libremente.

- Amo y soy amado por todos en mi mundo.

- Tengo una salud vibrante sin importar la edad que tenga.

- Mis pensamientos alegres crean mi mundo alegre.

- Cada momento de la vida es perfecto.

- La gente me aprecia a cualquier edad.

- Me elevo por encima de todas las limitaciones. Estoy divinamente guiado e inspirado.

- Estoy rodeado de gente maravillosa a lo largo de mi vida.

- Soy hermoso y tengo poder a cualquier edad.

- Mi vida sigue mejorando.

- Irradio salud, felicidad, prosperidad y paz mental.

- Siempre tengo la edad perfecta para el momento de mi vida.

Día 19

Vivir sin estrés

Hoy exploraremos cómo hacer que la vida sea lo menos estresante posible.

Este es el momento en el que estás disfrutando o no de tu vida. Lo que piensas está creando la forma en que te sientes en tu cuerpo ahora mismo, y también está creando tus experiencias del mañana. Si te estresas por cualquier cosa y haces montañas de un grano de arena, nunca encontrarás la paz interior.

Hoy en día se habla mucho del estrés. Todo el mundo parece estar estresado por algo. El estrés parece ser una palabra de moda, y la utilizamos hasta el punto de que creo que es una forma de evasión: «Estoy tan estresado», o «Esto es tan estresante», o «Todo este estrés, estrés, estrés».

Creo que el estrés es una reacción de miedo a los cambios constantes de la vida. Es una excusa que solemos utilizar para no responsabilizarnos de nuestros sentimientos. Si podemos echar la culpa a alguien o a algo, entonces podemos hacernos la víctima. Ser la víctima no nos hace sentir bien y no cambia la situación.

A menudo nos estresamos porque tenemos nuestras prioridades mezcladas. Muchos de nosotros creemos que el dinero es lo más importante en nuestras vidas. Esto no es cierto. Hay algo mucho más importante y precioso para nosotros, sin lo cual no podríamos vivir. ¿Qué es? Es nuestro aliento.

Nuestro aliento es la sustancia más valiosa de nuestra vida y, sin embargo, damos totalmente por sentado que, cuando exhalamos, el siguiente aliento estará ahí. Si no tomáramos otro aliento, no duraríamos ni tres minutos. Ahora bien, si el poder que nos creó nos ha dado suficiente aliento para durar todo lo que viviremos, ¿no podemos tener fe en que todo lo demás que necesitamos también será suministrado?

Cuando confiamos en que la vida se encargará de todos nuestros pequeños problemas, el estrés desaparece.

No tienes tiempo para perderlo en pensamientos o emociones negativas, porque eso solo crea más de lo que dices que no quieres. Si estás haciendo algunas afirmaciones positivas y no estás obteniendo los resultados que deseas, entonces comprueba cuántas veces durante el día te permites sentirte mal o molesto. Estas emociones son probablemente lo que te está frustrando, retrasando la manifestación de tus afirmaciones y deteniendo el flujo de tu propio bien.

La próxima vez que te des cuenta de lo estresado que estás, pregúntate qué es lo que te asusta. El estrés no es más que miedo, así de simple. No tienes que tener miedo a la vida ni a tus propias emociones. Averigua qué te estás haciendo a ti mismo que está creando este miedo dentro de ti. Tu meta interior es la alegría, la armonía y la paz. La armonía es estar en paz contigo mismo. No es posible tener estrés y armonía interior al mismo tiempo. Cuando estás en paz, haces cada cosa a su debido tiempo. No dejas que las cosas te afecten.

Así que, cuando te sientas estresado, haz algo para liberar el miedo: respira profundamente o sal a dar un paseo a paso ligero. Afírmate a ti mismo:

«Yo soy el único poder en mi mundo; y creo una vida pacífica, amorosa, alegre y plena».

Quieres ir por la vida sintiéndote seguro. No le des a una pequeña palabra como estrés mucho poder. No la utilices como excusa para crear tensión en tu cuerpo. Nada —ninguna persona, lugar o cosa— tiene poder sobre ti. Tú eres el único pensador que hay en tu mente, y tus pensamientos son los que crean tu vida.

Así que entrénate para tener pensamientos que te hagan sentir bien. De esta manera siempre estarás creando tu vida desde la alegría y en la alegría. La alegría siempre trae más cosas por las que alegrarse.

Afirmaciones para vivir sin estrés

Haz que estas afirmaciones formen parte de tu rutina diaria. Dilas a menudo en el coche, en el trabajo, mientras te miras en el espejo o en cualquier momento en que sientas que tus creencias negativas afloran.

- Dejo ir todo el miedo y la duda, y la vida se vuelve simple y fácil para mí.

- Creo un mundo libre de estrés para mí.

- Relajo todos los músculos del cuello y elimino cualquier tensión en los hombros.

- Inhalo y exhalo lentamente, y me doy cuenta de que me relajo más y más con cada respiración.

- Soy una persona capaz y puedo manejar cualquier cosa que se me presente.

- Estoy centrado y concentrado. Cada día me siento más seguro.

- Soy ecuánime y emocionalmente equilibrado.

- Me siento a gusto conmigo mismo y con los demás.

- Estoy seguro cuando expreso mis sentimientos. Puedo estar sereno en cualquier situación.

- Tengo una relación maravillosa con mis amigos, familiares y compañeros de trabajo. Se me aprecia.

- Me siento cómodo con mis finanzas. Siempre soy capaz de pagar mis facturas a tiempo.

- Confío en mí mismo para hacer frente a cualquier problema que surja durante el día.

- Dejo ir toda la negatividad que vive en mi cuerpo y en mi mente.

- Estoy en el proceso de hacer cambios positivos en todas las áreas de mi vida.

- Tengo la fuerza para mantener la calma ante el cambio.

Día 20

Practicar las afirmaciones

Al igual que cualquier otra cosa nueva que aprendas, se necesita práctica para que las afirmaciones formen parte de tu vida. El proceso de aprendizaje es siempre el mismo, sea cual sea el tema: si aprendes a conducir un coche, a escribir a máquina, a jugar al tenis o a pensar de forma positiva. Primero, vamos a tientas y a trompicones mientras nuestra mente subconsciente aprende por ensayo y, sin embargo, cada vez que volvemos a practicar, nos resulta más fácil y lo hacemos un poco mejor. Por supuesto, no lo harás perfecto el primer día. Harás lo que puedas hacer. Eso es suficiente para empezar.

Dite a menudo: «Lo hago lo mejor que puedo».

Recuerdo muy bien mi primera conferencia. Cuando bajé del podio, me dije inmediatamente: «Louise, has estado maravillosa. Has estado absolutamente fantástica para ser la primera vez. Cuando hayas hecho cinco o seis de estas, serás una profesional».

Un par de horas después, me dije: «Creo que podríamos cambiar algunas cosas. Vamos a ajustar esto, y vamos a ajustar aquello». Me negué a criticarme a mí misma de ninguna manera.

Si hubiera bajado del podio y hubiera empezado a reñirme a mí misma con «Oh, estuviste tan mal. Cometiste este error y este otro», entonces habría temido mi segunda conferencia. Sin embargo, la segunda fue mejor que la primera, y a la sexta ya me sentía como una profesional.

EJERCICIO:
Afirmaciones diarias

Escoge una o dos afirmaciones y escríbelas diez o veinte veces al día. Léelas en voz alta con entusiasmo. Haz una canción con tus afirmaciones y cántalas con alegría. Deja que tu mente repase estas afirmaciones durante todo el día.

Las afirmaciones que se utilizan de forma constante se convierten en creencias y siempre producirán resultados, a veces de formas que ni siquiera podemos imaginar.

EJERCICIO:
Reivindica lo nuevo

Visualiza o imagínate a ti mismo teniendo, haciendo o siendo aquello por lo que estás trabajando. Escenifica todos los detalles. Siente, ve, saborea, toca, escucha. Observa las reacciones de los demás ante tu nuevo estado. Haz que todo te parezca bien, independientemente de sus reacciones.

EJERCICIO:
Amplía tus conocimientos

Lee todo lo que puedas para ampliar tu conocimiento y comprensión del funcionamiento de la mente. Hay mucho conocimiento ahí fuera para ti. Este libro es solo un paso en tu camino. Obtén otros puntos de vista. Escucha a otras personas decirlo de una manera diferente. Estudia con un grupo durante un tiempo hasta que los superes.

Esto es un trabajo de vida. Cuanto más aprendas, cuanto más sepas, cuanto más practiques y apliques, mejor te sentirás y más maravillosa será tu vida. ¡Hacer este trabajo te hace sentir bien!

Ama lo que eres y lo que haces. Ríete de ti mismo y de la vida, y nada podrá tocarte. De todos modos, todo es temporal. La próxima vida lo harás de forma diferente de todas formas, así que ¿por qué no hacerlo de forma diferente ahora mismo?

Cuando te vayas a la cama por la noche, cierra los ojos y vuelve a dar las gracias por todo lo bueno que hay en tu vida. Eso atraerá más cosas buenas.

Por favor, no escuches las noticias ni las veas en la televisión a última hora de la noche. Las noticias son solo una lista de desastres, y no deberías llevarte eso a tus sueños. Gran parte del trabajo de limpieza se realiza durante el sueño, y puedes pedir ayuda a tus sueños con cualquier cosa en la que estés trabajando. A menudo encontrarás una respuesta por la mañana.

Duerme en paz. Confía en que el proceso de la vida estará de tu lado y se encargará de todo para tu mayor bien y tu mayor alegría.

No hay necesidad de convertir lo que haces en un trabajo pesado. Puede ser divertido. Puede ser un juego. Puede ser una alegría. Depende de ti. Incluso practicar el perdón y liberar el resentimiento puede ser divertido, si quieres hacerlo así. De nuevo, inventa una pequeña canción sobre esa persona o situación que tanto te cuesta dejar atrás. Cuando se canta una cancioncilla, se aligera todo el procedimiento. Cuando trabajo con clientes en privado, introduzco la risa en el procedimiento tan pronto como puedo. Cuanto más rápido podamos reírnos de todo el asunto, más fácil será dejarlo pasar.

Si vieras tus problemas sobre un escenario en una obra de Neil Simon, te caerías de la silla de la risa. La tragedia y la comedia son lo mismo. Solo depende de tu punto de vista. «Oh, qué tontos somos los mortales.»

Haz todo lo que puedas para que tu cambio transformador sea una alegría y un placer. Diviértete.

Día 21

El camino hacia adelante

¿Cuántas veces te has lamentado por lo que no querías? ¿Te ha llevado eso alguna vez a lo que realmente querías? Luchar contra lo negativo es una total pérdida de tiempo si realmente quieres hacer cambios en tu vida. Cuanto más te lamentes por lo que no quieres, más de eso crearás.

«No quiero ser gordo.» «No quiero estar arruinado.» «No quiero ser viejo.» «No quiero vivir aquí.» «No quiero tener esta relación.» «No quiero ser como mi madre/padre.» «No quiero estar atrapado en este trabajo.» «No quiero tener este pelo/nariz/cuerpo.» «No quiero estar solo.» «No quiero ser infeliz.» «No quiero estar enfermo.»

Esta autocrítica no es más que la mente reteniendo viejas creencias. Muestra cómo se nos enseña culturalmente a luchar contra lo negativo a nivel mental, pensando que, si lo hacemos, lo positivo vendrá automáticamente a nosotros. No funciona así.

En los días en que mi propia negación de mí misma era tan predominante, de vez en cuando me abofeteaba la cara. No conocía el significado de la autoaceptación. Mi creencia en mis propias carencias y limitaciones era más fuerte que cualquier otra cosa que pudiera decir lo contrario. Si alguien me decía que me quería, mi reacción inmediata era: «¿Por qué? ¿Qué podría ver alguien en mí?». O el típico pensamiento: «Si supieran cómo soy realmente por dentro, no me querrían».

No era consciente de que todo lo bueno empieza por aceptar lo que hay dentro de uno mismo, y por amar a ese yo que eres tú. Me llevó bastante tiempo desarrollar una relación pacífica y amorosa conmigo misma.

En primer lugar, solía buscar las pequeñas cosas de mí misma que consideraba cualidades. Incluso esto me ayudó, y mi propia salud empezó a mejorar. La buena salud comienza con el amor a uno mismo. Lo mismo ocurre con la prosperidad, el amor y la autoexpresión creativa. Más tarde aprendí a amar y aprobar todo de mí, incluso aquellas cualidades que pensaba que no eran lo suficientemente buenas. Fue entonces cuando empecé a progresar de verdad.

Piensa por un momento en una tomatera. Una planta sana puede dar más de cien tomates. Para conseguir esa tomatera con todos esos tomates, tenemos que empezar con una pequeña semilla seca. Esa semilla no parece una tomatera. Seguro que no sabe como una tomatera. Si no lo supieras con seguridad, ni siquiera creerías que puede ser una tomatera. Sin embargo, digamos que plantas esta semilla en tierra fértil, y la riegas y dejas que le dé el sol.

Cuando surge el primer brote diminuto, no lo pisas y dices: «Eso no es una tomatera». Más bien, la miras y dices: «¡Oh, vaya! Ahí está», y la observas crecer con alegría. Con el tiempo, si sigues regándola, dándole mucho sol y quitando las malas hierbas, puedes tener una tomatera con más de cien deliciosos tomates. Todo empezó con esa pequeña semilla.

Lo mismo ocurre con la creación de una nueva experiencia para ti. La tierra en la que plantas es tu mente subconsciente. La semilla es la nueva afirmación. Toda la nueva experiencia está en esta pequeña semilla. La riegas con afirmaciones. Deja que el sol de los pensamientos positivos la ilumine. Quitas las malas hierbas del jardín arrancando los pensamientos negativos que surgen. Y cuando ves por primera vez el más pequeño indicio no lo pisoteas y dices: «¡No es suficiente!». En lugar de eso, miras este primer avance y exclamas con alegría: «¡Oh, vaya! ¡Ahí viene! ¡Está funcionando!».

A medida que aprendemos a utilizar las afirmaciones, también podemos sentirnos atraídos a adoptar un enfoque más holístico de la vida. La filosofía holística consiste en nutrir y alimentar a todo el ser: el cuerpo, la mente y el espíritu. Si ignoramos alguna de estas áreas, estamos incompletos; nos falta plenitud. No importa por dónde empecemos, siempre que incluyamos también las otras áreas.

Si empezamos por el cuerpo, deberemos trabajar con la nutrición, para aprender la relación entre nuestra elección de alimentos y bebidas, y cómo afectan a la forma en que nos sentimos. Queremos hacer las mejores elecciones para nuestro cuerpo. Hay hierbas y vitaminas, homeopatía y remedios de flores de Bach. Podríamos probar la hidroterapia de colon.

Nos gustaría encontrar una forma de ejercicio que nos atraiga. El ejercicio es algo que fortalece nuestros huesos y mantiene nuestro cuerpo joven. Además de los deportes y la natación, considera la posibilidad de bailar, el taichí, las artes marciales y el yoga. Me encanta mi cama elástica y la uso a diario. Mi tabla inclinada mejora mis periodos de relajación.

Podríamos explorar alguna forma de trabajo corporal como el *Rolfing*, el *Hellerwork* o el *Trager*. El masaje, la reflexología podal, la acupuntura o el trabajo quiropráctico también son beneficiosos. También están la técnica Alexander, la bioenergética, el método Feldenkrais, el toque terapéutico y las formas de trabajo corporal con reiki.

Con la mente, hay muchas técnicas psicológicas: Gestalt, hipnosis, renacimiento, psicodrama, regresiones a vidas pasadas, arteterapia e incluso trabajo con sueños. La meditación, en cualquiera de sus formas, es un modo maravilloso de silenciar la mente y permitir que el propio conocimiento salga a la superficie. Suelo sentarme con los ojos cerrados y decir: «¿Qué es lo que necesito saber?», y luego espero tranquilamente una respuesta. Si la respuesta llega, bien; si no llega, bien. Llegará otro día.

En el ámbito espiritual, existe la oración, la meditación y la conexión con tu fuente superior. Para mí, practicar el perdón y el amor incondicional son prácticas espirituales.

Así que ahora vamos a recapitular las formas en que puedes reforzar tu nuevo aprendizaje y avanzar. Yo sugiero:

- escribir afirmaciones
- decir afirmaciones en voz alta
- cantar afirmaciones
- expresar gratitud
- dedicar tiempo a los ejercicios de relajación
- sentarte a meditar u orar
- disfrutar del ejercicio
- practicar una buena nutrición
- utilizar la visualización y las imágenes mentales
- la lectura y el estudio

Practicando tantos de estos métodos como puedas, empezarás a demostrar los resultados de este trabajo. Verás los pequeños milagros que ocurren en tu vida. Las cosas que estás dispuesto a eliminar se irán por sí solas. Las cosas y eventos que deseas aparecerán en tu vida aparentemente de la nada. Recibirás recompensas que nunca habías imaginado.

Epílogo

Ya hemos explorado el uso de afirmaciones en muchas áreas diferentes de la vida. Los capítulos anteriores te muestran las diversas formas en que puedes utilizar y crear afirmaciones positivas para ti.

Este libro puede dirigirte hacia el camino positivo rumbo a una vida maravillosa. Sin embargo, debes utilizarlo. Las palabras que se encuentran en un libro no harán nada para mejorar la calidad de tu vida.

Haz que las afirmaciones formen parte de tu vida. Coloca diferentes afirmaciones en distintos lugares de tu casa. Puede que tengas una afirmación que guardes en la oficina para los asuntos del trabajo. Si no quieres que los demás la vean, ponla en el cajón de tu escritorio para que solo la veas tú.

Una afirmación para una conducción segura y pacífica podría estar en tu salpicadero. (Pista, pista... Si siempre estás maldiciendo a otros conductores, todos los malos conductores se sentirán automáticamente atraídos por ti. Estarán cumpliendo tu afirmación).

Maldecir es una afirmación, preocuparse es una afirmación y el odio es una afirmación. Todo esto atrae hacia ti lo que estás afirmando. El amor, el aprecio, la gratitud y los cumplidos también son afirmaciones y atraerán hacia ti lo que estás afirmando.

Al igual que no importa por dónde empieces a limpiar la casa, tampoco importa qué área de tu vida empieces a cambiar primero. Lo mejor es empezar por algo sencillo porque así obtendrás resultados rápidamente y, por tanto, desarrollarás la confianza para abordar los problemas más importantes.

Una vez que hayas hecho tus afirmaciones, entonces es el momento de abandonarlas y dejarlas ir. Has decidido lo que quieres. Lo has afirmado tanto en pensamiento como en palabra. Ahora debes abandonarlas al universo para que las leyes de la vida te las traigan de vuelta.

Si te preocupas y te inquietas por cómo se harán realidad tus afirmaciones, solo estás retrasando todo el proceso. No es tu trabajo averiguar cómo hacer que tus afirmaciones den sus frutos. La forma en que funcionan las leyes de la atracción es que tú declaras que tienes algo y entonces el universo te lo trae. El universo es mucho más inteligente que tú y conoce todas las formas posibles de hacer que tus afirmaciones se hagan realidad. La única razón de la demora y de la aparente negación es que hay una parte de ti que no cree que lo mereces. O tal vez tus creencias son tan fuertes que superan a tus afirmaciones.

Recuerda…

Por muy maravilloso que sea el momento presente, el futuro puede ser aún más satisfactorio y alegre. El universo siempre espera en sonriente reposo a que alineemos nuestro pensamiento con sus leyes. Cuando estamos alineados, todo fluye.

Es posible. Si yo puedo hacerlo, tú puedes hacerlo. Todos podemos hacerlo. Haz el esfuerzo: te sentirás muy satisfecho. Todo tu mundo cambiará para mejor. Te alegrarás mucho de los cambios positivos que están ocurriendo en tu vida.

¡Este será el comienzo de un nuevo tú!

Sobre la autora

Louise Hay fue una inspiradora maestra que educó a millones de personas desde la publicación en 1984 de su *bestseller: Usted puede sanar su vida*, del que se han impreso más de cincuenta millones de ejemplares en todo el mundo. Conocida por demostrar el poder de las afirmaciones para lograr un cambio positivo, Louise fue autora de más de treinta libros para adultos y niños, entre ellos los *bestsellers: El poder está en ti* y *Sana tu cuerpo*. Además de sus libros, Louise produjo numerosos programas de audio y vídeo, barajas de cartas, cursos *online* y otros recursos para llevar una vida sana, alegre y plena.

www.louisehay.com
www.healyourlife.com

«Las puertas de la sabiduría y el conocimiento
están siempre abiertas.»
Louise Hay